走进大学
DISCOVER UNIVERSITY

什么是电子商务？

WHAT IS ELECTRONIC COMMERCE?

李 琪 主编
彭丽芳 副主编

大连理工大学出版社
Dalian University of Technology Press

图书在版编目(CIP)数据

什么是电子商务？/ 李琪主编. -- 大连：大连理工大学出版社，2023.7
 ISBN 978-7-5685-3981-4

Ⅰ.①什… Ⅱ.①李… Ⅲ.①电子商务－课程设置－高等学校 Ⅳ.①F713.36

中国版本图书馆 CIP 数据核字(2022)第 216069 号

什么是电子商务？
SHENME SHI DIANZI SHANGWU?

策划编辑：苏克治
责任编辑：王晓历
责任校对：贾如南
封面设计：奇景创意

出版发行：大连理工大学出版社
　　　　　（地址：大连市软件园路 80 号，邮编：116023）
电　　话：0411-84708842（发行）
　　　　　0411-84708943（邮购）　0411-84701466（传真）
邮　　箱：dutp@dutp.cn
网　　址：https://www.dutp.cn

印　　刷：辽宁新华印务有限公司
幅面尺寸：139mm×210mm
印　　张：6
字　　数：110 千字
版　　次：2023 年 7 月第 1 版
印　　次：2023 年 7 月第 1 次印刷
书　　号：ISBN 978-7-5685-3981-4
定　　价：39.80 元

本书如有印装质量问题，请与我社发行部联系更换。

出版者序

高考,一年一季,如期而至,举国关注,牵动万家!这里面有莘莘学子的努力拼搏,万千父母的望子成龙,授业恩师的佳音静候。怎么报考,如何选择大学和专业,是非常重要的事。如愿,学爱结合;或者,带着疑惑,步入大学继续寻找答案。

大学由不同的学科聚合组成,并根据各个学科研究方向的差异,汇聚不同专业的学界英才,具有教书育人、科学研究、服务社会、文化传承等职能。当然,这项探索科学、挑战未知、启迪智慧的事业也期盼无数青年人的加入,吸引着社会各界的关注。

在我国，高中毕业生大都通过高考、双向选择，进入大学的不同专业学习，在校园里开阔眼界，增长知识，提升能力，升华境界。而如何更好地了解大学，认识专业，明晰人生选择，是一个很现实的问题。

为此，我们在社会各界的大力支持下，延请一批由院士领衔、在知名大学工作多年的老师，与我们共同策划、组织编写了"走进大学"丛书。这些老师以科学的角度、专业的眼光、深入浅出的语言，系统化、全景式地阐释和解读了不同学科的学术内涵、专业特点，以及将来的发展方向和社会需求。希望能够以此帮助准备进入大学的同学，让他们满怀信心地再次起航，踏上新的、更高一级的求学之路。同时也为一向关心大学学科建设、关心高教事业发展的读者朋友搭建一个全面涉猎、深入了解的平台。

我们把"走进大学"丛书推荐给大家。

一是即将走进大学，但在专业选择上尚存困惑的高中生朋友。如何选择大学和专业从来都是热门话题，市场上、网络上的各种论述和信息，有些碎片化，有些鸡汤式，难免流于片面，甚至带有功利色彩，真正专业的介绍尚不多见。本丛书的作者来自高校一线,他们给出的专业画像具有权威性,可以更好地为大家服务。

二是已经进入大学学习,但对专业尚未形成系统认知的同学。大学的学习是从基础课开始,逐步转入专业基础课和专业课的。在此过程中,同学对所学专业将逐步加深认识,也可能会伴有一些疑惑甚至苦恼。目前很多大学开设了相关专业的导论课,一般需要一个学期完成,再加上面临的学业规划,例如考研、转专业、辅修某个专业等,都需要对相关专业既有宏观了解又有微观检视。本丛书便于系统地识读专业,有助于针对性更强地规划学习目标。

三是关心大学学科建设、专业发展的读者。他们也许是大学生朋友的亲朋好友,也许是由于某种原因错过心仪大学或者喜爱专业的中老年人。本丛书文风简朴,语言通俗,必将是大家系统了解大学各专业的一个好的选择。

坚持正确的出版导向,多出好的作品,尊重、引导和帮助读者是出版者义不容辞的责任。大连理工大学出版社在做好相关出版服务的基础上,努力拉近高校学者与

读者间的距离,尤其在服务一流大学建设的征程中,我们深刻地认识到,大学出版社一定要组织优秀的作者队伍,用心打造培根铸魂、启智增慧的精品出版物,倾尽心力,服务青年学子,服务社会。

"走进大学"丛书是一次大胆的尝试,也是一个有意义的起点。我们将不断努力,砥砺前行,为美好的明天真挚地付出。希望得到读者朋友的理解和支持。

谢谢大家!

苏克治
2021年春于大连

自　序

亲爱的读者朋友，你是少年、青年，还是中年、老年呢？我们未曾谋面，但为什么要沟通呢？这得感谢大连理工大学出版社这位"牵线搭桥"的好"红娘"。

2021年冬天，"红娘"找到我，希望我能为即将高考并选择高校和专业的同学、家长和亲友等写一本通俗易懂、内容导向正确、覆盖面较宽、规范性强、趣味性高的能够帮助同学们做出专业和高校选择的参考书籍——《什么是电子商务？》。

当我接到为你们写书的消息时，内心是比较忐忑的：其一，我觉得这是很有意思和有意义的事情，应该努力而为之；其二，我又感觉到压力，虽然我对电子商务专业的大学教育、教学比较熟悉，但是如何把它变成通俗易懂、

恰到好处的读物,让你们读起来感觉比较好,易于接受,有参考价值,使我思考良久。写出介于专业书籍和科普读物之间的书籍,我以前没有写过。这是一个挑战。

我的对策是:第一,应该努力写出来,争取写好;第二,组织团队,克服困难,"摸着石头过河"。

于是,我联合了多年来一直在高教一线从事电子商务教学、科研和实践的教授专家,群策群力。首先集思广益,确定了编写大纲,然后进行分章编写、讨论、修改、完善、定稿。

我们的组织和分工是:李琪教授与彭丽芳教授负责大纲总策划,并对文稿的科学性、合理性和可读性等大政方针及审稿等进行把关。各部分的分工为:初稿的第1部分由钟肖英教授编写,第2部分由姜元春教授编写,第3部分由帅青红教授编写,第4部分由彭敏晶教授编写,第5部分由林中燕教授编写,第6部分由李立威教授编写;修改稿的第1部分至第3部分由李琪教授与初稿的三位编者合作编写,修改稿的第4部分至第6部分由彭丽芳教授与初稿的三位编者合作编写。

现在,让我们来看看我国电子商务的实践、教学和人才需求状况。

首先,我国的电子商务实践起步于1995年,而在

2013年,我国的电子商务零售已居于全球第一。其中,阿里巴巴、京东、拼多多等电商企业发挥了重大作用。2019年的"双11"一天,电子商务的零售额就达到3 000亿元人民币。中国的跨境电商从2016年以来,每年几乎都是30%的快速增长。到2021年年底,中国的电子商务总交易额达到了42.3万亿元,同比增长19.6%;网上零售额达13.09亿元,同比增长14.1%,占社会消费品零售总额的24.5%,对社会消费品零售总额增长的贡献率为23.6%。

其次,从2000年以来,全国高校开设电子商务专业的本科有600多所,专科有900多所,有电子商务硕士和博士招生的高校近100所。大学里的在校电子商务专业学生人数80万左右,每年就业人数20万左右。

再次,我国经济社会对电子商务人才和就业人员的需求很大。国家《"十四五"电子商务发展规划》中表述的是,在2020年我国电子商务行业的从业人员是6 015万人,而到2025年电子商务行业从业人员要达到7 000万。即在"十四五"期间,我国电子商务行业的从业人员每年要净增200万左右。我们目前高校培养的大学生,仅是社会需求的10%左右,所以都有机会成为"领头羊"。而且由社会调查得知:电子商务大学生的就业薪酬属于中

高水平,创业群体也是较多的。

最后,我们再从研究的视角看看电子商务的本质和价值。我们把电子商务的本质分为如下三个层次:

第一,对电子商务最基本的理解是"用电子工具、技术、网络及方式等做商务活动"。当代电子商务主要是用互联网(Internet)做商务活动。如:PC电商、移动电商等。

第二,将电子工具、方式与商务活动、模式有机集成、融合,使其构成效果达到"1+1＞2"的新型经济形态、新的数字经济。即电子商务的内涵和外延都远大于一般概念上的"电子工具"+"商务活动"的两个集合的算数和,是融合创新的新独立体。如:乡村直播带货、跨境直播电商等。

第三,电子商务是新的产业革命。因为,商务的本质是寻找市场、发现价值,通过交换(买卖)实现产品的价值和消费者的价值;而电子商务使商务活动的工具、对象和劳动者都发生了革命性的变化,从而发生了商务革命,推动和形成了人类的产业革命。

综上,为了满足电子商务的伟大变革和被它引领的新经济社会发展的需要,我们必须培养大批适应新时代、新经济的电子商务专业化人才。同时,为了帮助通过高考的青少年朋友们了解电子商务专业,使其结合我国经济社会发展的需要和个人兴趣选择专业和学校,特编写此书。

由于时间短、任务重,编者虽然已尽力而为,但是该书的效果还得看读者的评价。我们与读者的愿望是一致的,所以,希望读者与我们多多交流、畅所欲言,让我们不断改进和完善此书,使本书向理想目标靠近。

感谢大连理工大学出版社的领导和编辑!感谢读者!感谢编写此书的所有付出者!

李 琪

2023 年 7 月

目 录

电子商务的前世今生 / 1

电子商务简史——众说纷纭 / 1

电子商务历史——追根溯源 / 1

电子商务定义——商务为本 / 5

电子商务模式——层出不穷 / 10

电子商务环境——生态系统 / 12

电子商务地位——新的经济"发动机" / 14

电子商务行业——引领数字经济 / 15

电子商务政策——政府高度重视 / 16

电子商务和传统产业——促进融合发展 / 17

电子商务和就业——带动就业创业 / 18

电子商务和消费——促进消费升级 / 18

电子商务行业——发展迅猛 / 19
移动电商——随时随地的商务 / 19

跨境电商——买全球、卖全球 / 21

新零售——线上、线下融合 / 23

农村电商——助力乡村振兴 / 27

电子商务市场欣欣向荣 / 31

电子商务企业——群雄逐鹿 / 31
第一梯队——BATJ / 31

电商新贵 / 36

异军突起——拼多多、抖音 / 38

群雄跨界——小米、华为、格力 / 40

中国电子商务趋势——融合发展 / 43
空间维度——纵深化和国际化 / 43

电商行业——数字产业化 / 45

传统产业——产业数字化 / 46

营销方式——个性化和精准化 / 48

平台发展——专业化和移动化 / 49

《"十四五"电子商务发展规划》 / 51
　　什么是"十四五"规划？ / 51
　　《规划》的要点是什么？ / 51
　　《规划》的需求是什么？ / 53

电子商务人才需求如何？ / 56

需求端——人才需求多元化 / 57
　　产业——发展急需 / 58
　　行业——需求广泛 / 61
　　企业——需求巨大 / 67

供给侧——人才供不应求 / 71
　　总量——供给不足 / 71
　　人才结构 / 73

为什么选择电子商务专业？ / 76
　　符合家长的观念 / 76
　　契合学生的想法 / 79

电子商务专业要学什么？ / 84

专业基础课程——构建复合型知识结构 / 85
　　电子商务经济 / 85
　　电子商务管理 / 86

电子商务信息技术基础 / 88

电子商务物流技术 / 90

电子商务法律 / 93

专业核心课程——形成专业核心能力 / 94

电子商务原理 / 95

电子商务案例分析 / 96

电子商务项目策划与管理 / 98

电子商务产品设计 / 101

电子商务系统开发 / 102

专业前沿课程——洞悉产业发展前沿 / 105

跨境电子商务 / 105

移动电子商务 / 106

农村电子商务 / 108

电子商务金融 / 109

电子商务数字经济 / 110

电子商务新一代信息技术 / 113

电子商务创新 / 114

电子商务专业如何学？ / 118

知识交叉复合——夯实基础、增强适应性 / 118

管理学——洞察企业运作的流程逻辑 / 118

经济学——厚植经世济民的家国情怀 / 120
　　计算机——理解电子商务实现的技术逻辑 / 122
　　法律——护航电子商务的健康发展 / 123
　　数据科学——适应数字经济时代发展 / 125
应用场景丰富——特色方向提升应用能力 / 127
　　电商运营——夯实电商基础应用能力 / 127
　　三农电商——为乡村振兴插上翅膀 / 128
　　跨境电商——助力"买全球、卖全球" / 130
　　数据分析——洞察消费者行为秘密 / 131
赴实战以验真知——分段多维的实践教学 / 133
　　强化技能——实践课程 / 133
　　认知实习——初识企业 / 134
　　初入职场——专业实习 / 136
激发创新活力——电子商务创新创业 / 137
　　创新创业类课程 / 137
　　电子商务三创赛 / 138

电子商务专业就业去向 / 141

互联网产品设计——需求洞察 / 142
　　互联网产品经理做什么？ / 143
　　典型的互联网产品类岗位 / 144

互联网产品类岗位能力要求 / 145

电子商务系统开发——技术实现 / 148

电子商务系统开发做什么？ / 148

典型的电商系统开发类岗位 / 149

电商系统开发类岗位能力要求 / 150

电子商务运营管理——用户获取 / 152

电子商务运营管理做什么？ / 152

典型的电商运营管理岗位 / 154

电商运营管理类岗位能力要求 / 156

电子商务数据分析——决策支持 / 157

电子商务数据分析做什么？ / 158

典型的电商数据分析类岗位 / 159

电商数据分析类岗位能力要求 / 161

参考文献 / 164

"走进大学"丛书书目 / 171

电子商务的前世今生

世界因互联网而更多彩，生活因互联网而更丰富。

——习近平

▶▶电子商务简史——众说纷纭

现代电子商务始于 1993 年（互联网向商务解禁），经过 30 年的发展，世界人民的生活、生产等都发生了巨大的变化。中国的现代电子商务从 1995 年开始，只比美国起步晚两年，但在网络零售交易额方面，从 2013 年开始就超越了美国，成为世界第一。几十年来，关于电子商务的定义和模式虽然众说纷纭，但也形成了基本共识。

➡➡电子商务历史——追根溯源

古人云："以史为鉴，可以知兴替。"下面就让我们一起来了解一下从早期电子商务到现代电子商务的发展历

史，包括世界电子商务历史和中国电子商务历史。

我们先用一个框图概要地给出电子商务的产生与发展的过程，如图1所示。

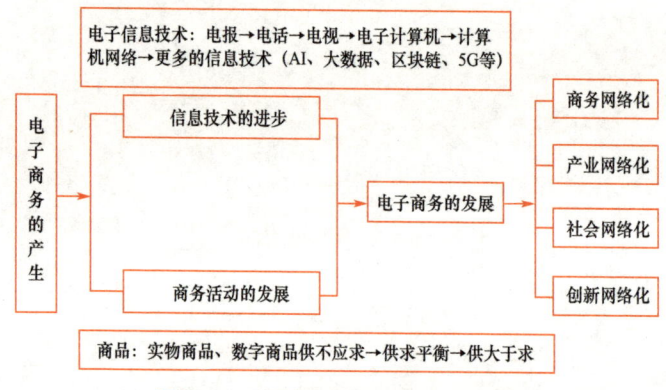

图1　电子商务的产生与发展的过程

从历史发展看，电子商务的产生源自人类商务活动的发展与信息技术的进步。"两轮驱动"和集成、融合的现代商务体系，是数字经济和实体经济的重要组成部分，是催生数字产业化、拉动产业数字化、推进治理数字化的重要引擎，是提升人民生活品质的重要方式，是推动国民经济和社会发展的重要力量。

❖❖❖世界电子商务历史

早期电子商务的发展历史，可以追溯到20世纪70年代初的电子资金转账（Electronic Funds Transfer，EFT），其最初是通过电子方式进行企业支票账户间资金的转账，后来使用范围不断扩大。之后，一些企业开始采用一种以标准化格式进行信息传输的技术，即电子数据交换(Electronic Data Interchange,EDI),大大减少了纸质票据的使用量,降低了企业间的交易成本,进而在世界范围内掀起了"无纸贸易"的浪潮。

20世纪90年代中期,互联网(Internet)迅速从大学、科研机构走向企业和居民用户,这对电子商务发展而言具有里程碑的意义。亚马逊(Amazon)、易贝(eBay)等一大批电子商务企业都是在该时期成立的。其中亚马逊的创始人杰夫·贝索斯(Jeff Bezos)在1999年成为美国《时代》周刊年度风云人物,被誉为"电子商务之父"。

21世纪初,伴随着移动通信技术的发展及智能手机、平板电脑的普及,移动电子商务快速发展起来,使得人们可以随时随地开展电子商务活动。近年来,大数据、云计算、人工智能、虚拟现实、区块链等新兴技术的涌现,也在不断推动着电子商务向前发展。

❖❖❖中国电子商务历史

1995年,国家计划委员会为了解决拥有3万亿元左右企业库存物资和产品的全国大中型企业的资金与产品的周转问题,提出了用互联网进行交换的对策,成立了"中国商品订货系统"的载体公司——商友商务有限责任公司,开启了中国电子商务的元年。紧接着讯业集团公司、阿里巴巴、携程网、易趣网、8848、当当网等中国民营电子商务企业先后创立,标志着中国电子商务正式进入起步阶段。然而,随着2000年互联网泡沫的破灭,以8848等为代表的一批只有网络没有商务的"电子商务企

业"纷纷倒闭。2001年以后,"商务为本,剩者为王"的时代到来了。

2003年,虽然"非典疫情"的肆虐让许多行业遭遇寒潮,但它给中国电子商务带来了机遇。2003年5月,阿里巴巴集团提出:"让天下没有难做的生意!"其团队充分利用互联网低成本、高效率的优势,在抗击疫情的时局下艰苦奋斗,开发出了"淘宝"线上交易平台,随后不久便占据了中国C2C大部分市场;同年12月,慧聪网在香港联合交易所创业板上市,成为国内首家上市的B2B电子商务企业。2004年,京东也开始涉足电子商务领域。

之后,中国政府认识到了电子商务对国民经济和社会发展的重要作用,先后出台了一系列关于促进电子商务发展的政策文件,包括2005年出台的《国务院办公厅关于加快电子商务发展的若干意见》、2015年出台的《国务院关于大力发展电子商务 加快培育经济新动力的意见》、2021年出台的《"十四五"电子商务发展规划》等。在国家政策的扶持下,中国电子商务快速发展起来。2021年,中国网上零售额达13.1万亿元,同比增长14.1%。

中国电子商务在其快速发展过程中,也伴随着"网购假货""大数据杀熟""店大欺客""删差评,刷好评""隐私信息泄露"等一系列问题。2018年,《中华人民共和国电子商务法》的出台,标志着中国电子商务发展进入有法可依的新阶段,有效规范了中国电子商务市场的健康发展。

自 2020 年以来,中国电子商务在复工复产、促进消费、稳定就业等方面做出了突出贡献。同时,直播电商、社交电商、社区团购等新模式也在快速发展。

➡➡电子商务定义——商务为本

在对电子商务的概念进行研究和归纳时,各国学者、专家、组织、政府和企业界给出了既有相似之处又有区别的定义或见解。真乃既"众说纷纭"又"殊途同归"。

✥✥学者、专家的观点

在对电子商务的理论研究中,国内外学者、专家从不同的角度提出过不同的定义和自己的见解,较有代表性的主要有:

(1)国外学者、专家的观点

美国的埃默勒·海因茨(Emmel Hainz)博士在她的专著《EDI 全面管理指南》中,从功能角度把电子商务(Electronic Commerce,EC)定义为"通过电子方式,在网络基础上实现物资、人员过程的协调,以便进行商业交换活动"。

加拿大专家詹金斯(Jenkins)和兰开夏(Lancashire)在《电子商务手册》一书中从应用角度定义 EC:数据(资料)电子装配线(Electronic Assembly Line of Data)的横向集成。

美国 NIIT 负责人约翰·朗格奈克(John Longenecker)从营销角度把 EC 定义为,电子化的购销市场,即电子化的商品购买和服务市场。

(2)中国学者、专家的观点

中国专家王可从过程角度定义电子商务:在计算机与通信网络基础上,利用电子工具实现商业交换和行政作业的全过程。在电子商务原理方面,王可针对工业时代著名的"零库存"(Just-in-Time)生产原理,提出了在信息化时代电子商务信息管理原理,就是把需要的信息在正需要的时刻送到正需要的地点,以消除时间的浪费。王可认为,如果说在工业化时代,"零库存"是企业生存和发展的"天条",那么,在信息化时代,"电子商务"信息管理原理则是企业生存和发展必须遵守的"天条",是新时代的生意经。

中国企业家王新华认为,从本质上讲,电子商务是一组电子工具在商务过程中的应用,这些工具主要包括电子数据交换(EDI)、电子邮件(E-mail)、电子公告系统(BBS)、条码(Barcode)、图像处理、智能卡等。而应用的前提和基础是完善的现代通信网络和人们思想意识的提高以及管理体制的转变。

本书作者李琪在 1997 年从内在要素角度对电子商务进行分析后给出的界定是,电子商务应该划分为广义的电子商务和狭义的电子商务。广义的电子商务定义为:使用各种电子工具从事商务活动。这些电子工具包括从初级的电报、电话、广播、电视、传真到计算机、计算机网络,再到NII(国家信息基础设施——信息高速公路)、GII(全球信息基础设施)和Internet等现代系统。而商务活动是从泛商品(实物与非实物,商品与商品化的生产要素等)的需求活动到泛商品的合理、合法的消费,除去典型的生产过程后的所有活动。狭义的电子商务定义为:主要利用Internet从事商务活动。电子商务是指在技术、经济高度发达的现代社会里,掌握信息技术和商务规则的人,系统化地运用电子工具,高效率、低成本地从事以商品交换为中心的各种活动的总称。这个分析突出了电子商务的前提、中心、重点、目的和标准,指出它应达到的水平和效果,它是对电子商务更严格和体现时代要求的定义,它从系统的观点出发,强调人在系统中的中心地位,将环境与人、人与工具、人与劳动对象有机地联系起来,用系统的目标、系统的组成来定义电子商务,从而使它具有生产力定义的性质。

❖❖组织、政府对电子商务的定义

(1)组织对电子商务的定义

联合国国际贸易程序简化工作组对电子商务的定义为:采用电子形式开展的商务活动,它包括在线供应商、客户、政府及其参与方之间通过任何电子工具,如EDI(电子数据交换)、Web技术、电子邮件等共享非结构或结构化商务信息,并管理和完成在商务活动、管理活动和消费活动中的各种交易。

全球信息基础设施委员会(GIIC)电子商务工作委员会对电子商务的定义为:电子商务是运用信息技术作为通信手段的经济活动,通过这种方式人们可以对带有经济价值的产品和服务进行宣传、购买和结算。

(2)政府对电子商务的定义

美国政府在其《全球电子商务纲要》中指出:电子商务是通过Internet进行的各项商务活动,包括广告、交易、支付、服务等活动。

中国政府在《中华人民共和国电子商务法》中将电子商务界定为"通过互联网等信息网络销售商品或者提供服务的经营活动"。

❖❖❖ 企业对电子商务的定义

在企业对电子商务的定义中,最具代表性的就是IBM(国际商业机器公司)对电子商务的定义。IBM公司对电子商务的定义为:电子商务是在Internet的广阔联系与传统信息技术的丰富资源相结合的背景下应运而生的一种在互联网上展开的互相关联的动态商务活动。IBM认为,电子商务不仅包括在线商品的交换,而且包括对客户的服务和商业伙伴之间的合作。

电子商务的应用领域非常广泛,包括网上购物、网上银行、电子政务、在线教育、在线旅游、在线医疗等。为了实现这些应用,电子商务需要相应的信息、基础设施以及各种支持服务体系,如图2所示。下面对五大支持系统进行说明。

```
          电子商务应用
       网上购物、网上银行、电子政务、
       在线教育、在线旅游、在线医疗等
```

| 人员 | 公共政策 | 营销和广告 | 支持服务 | 商务伙伴 |

| (1)普通商务服务基础设施 | (2)信息传递基础设施 | (3)多媒体内容及网络出版基础设施 | (4)网络基础设施接入 | (5)界面基础设施 |

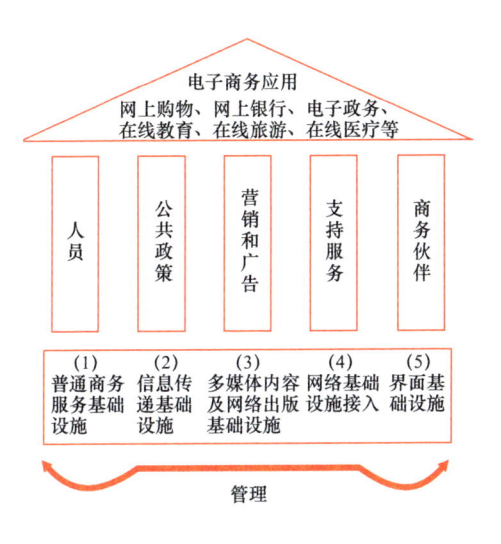

管理

图 2　电子商务框图

(1)人员

电子商务涉及的人员包括买家、卖家、中间商、信息系统及技术专家,以及其他员工。

(2)公共政策

由国家和政府机构制定并实施的法律、法规、政策等,如税收政策、隐私权保护政策等。

(3)营销和广告

为了吸引顾客、提高销量,电子商务企业也需要进行相应的市场调研,制作宣传广告,策划各种营销活动。

(4)支持服务

电子商务需要各种各样的支持服务,包括信息服务、物流服务、支付服务、安全服务等。

(5)商务伙伴

在电子商务中,合伙经营、产业联盟等是常见的合作形式。商务伙伴关系经常发生在供应链中,如企业与其供应商、客户等之间的交流与合作。

➡➡电子商务模式——层出不穷

在电子商务的发展过程中,形成了许多不同的模式,并不断推陈出新。下面介绍几种常见的电子商务模式。

✥✥B2B 模式

B2B(Business to Business)模式是企业与企业之间通过网络进行交易的一种电子商务活动模式。B2B 模式具有交易次数少、金额大,交易对象广泛,交易操作规范等特点。根据面向的行业范围不同,B2B 模式可以分为综合型的 B2B 模式和专业型的 B2B 模式。综合型的 B2B 模式,即在同一个 B2B 平台上,集聚了多个不同行业的产品和服务,代表性的平台有阿里巴巴、慧聪网等。专业型的 B2B 模式,即面向于特定行业的 B2B 模式,代表性的平台有化工网、我的钢铁网等。

✧✧B2C 模式

B2C（Business to Customer）模式是指企业通过网络将商品或服务销售给终端消费者的一种电子商务模式。B2C 模式具有交易次数频繁、金额小，交易对象多为终端消费商品或服务，消费者的稳定性较弱等特点。B2C 模式可以分为自建型 B2C 模式和第三方平台型 B2C 模式。自建型 B2C 模式是指大型生产企业或零售企业通过自行搭建电子商务平台，销售自身商品或服务的模式，代表性的平台有华为商城、小米商城等。第三方平台型 B2C 模式是指企业或零售商借助第三方电子商务平台来销售自身商品或服务的模式，代表性的第三方平台有天猫、京东商城、亚马逊等。

✧✧C2C 模式

C2C（Customer to Customer）模式是指消费者与消费者之间通过网络进行个人交易的一种电子商务模式。C2C 模式具有用户数量多且分散，商品或服务种类多，质量参差不齐，交易次数多，单笔交易金额小等特点。C2C 电子商务平台为买卖双方提供了一个网络交易平台，使卖方可以自主进行商品或服务的展示和销售，而买方也可以自行选择商品或服务进行购买或以竞价方式完成交易。eBay 网是世界最早建立的 C2C 电子商务平台，而淘宝网则是我国较大的 C2C 电子商务平台。

✥✥O2O 模式

O2O(Online to Offline)模式,即线上、线下一体化的电子商务模式,是指将线下的商务活动与网络进行结合,让消费者在体验线上交易优点的同时,又可以享受线下消费体验和服务。O2O 的实现必须立足于线下的实体店或实体服务,消费的完成需要消费者在线下实体店或通过接受线下实体服务进行。例如,消费者在猫眼电影平台购买的电影票,需要到线下的电影院进行消费体验;在 12306 平台购买的车票,也是需要到车站才能享受到相应的乘车服务。

➡➡电子商务环境——生态系统

电子商务就像动植物一样,也需要良好的外部环境,才能健康地生存与发展。电子商务环境主要包括经济环境、社会环境、技术环境、政治环境,如图 3 所示。

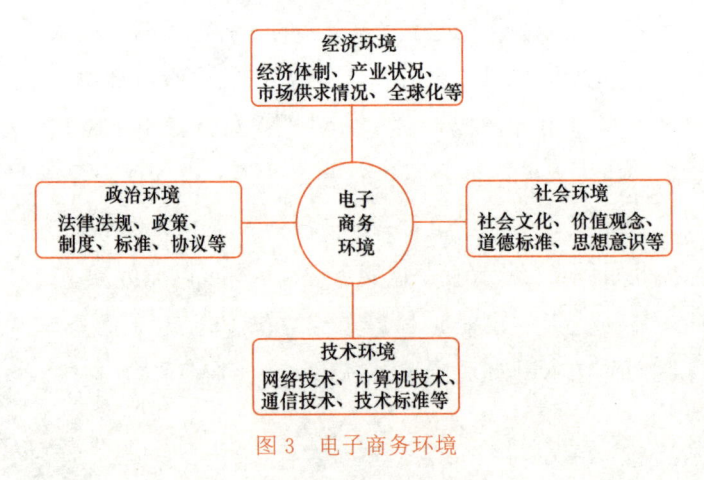

```
                经济环境
          经济体制、产业状况、
          市场供求情况、全球化等
                   │
 政治环境 ──── 电子商务环境 ──── 社会环境
 法律法规、政策、              社会文化、价值观念、
 制度、标准、协议等            道德标准、思想意识等
                   │
                技术环境
          网络技术、计算机技术、
          通信技术、技术标准等
```

图 3 电子商务环境

❖❖ **经济环境**

经济是开展电子商务活动的基础。随着经济的全球化发展，世界各国或地区之间的经济活动变得越来越频繁，关系也越来越密切，企业为了将世界各地的生产要素进行联合生产，并迅速将产品或服务销往世界各地，亟须一种更高效的商务运作模式，由此提出了电子商务的现实需求。同时，一个良好的市场经济环境，也有利于促进电子商务的发展。通过利用相应的价格机制、竞争机制、供求机制等手段，为电子商务营造一个良好的市场环境。

❖❖ **社会环境**

社会文化，尤其是社会流行文化，会影响电子商务能否被接受，以及电子商务的模式设计。随着人们知识文化水平的不断提高，人们的消费观念正不断发生改变，越来越愿意通过网络来进行购物消费。企业可以通过把握流行需求，紧跟甚至引导流行趋势推出新的消费产品和服务，以满足消费者的需求。如近年来，直播电商、社交电商、社区团购等新兴电子商务模式的不断涌现，都是为了更好地满足消费者的需要。

❖❖ **技术环境**

电子商务的产生和发展始终离不开互联网、计算机等相关技术的发展。从早期的电子数据交换技术，到互联网技术，再到移动通信技术，以及近年来涌现的大数据、云计算、物联网、人工智能、区块链、虚拟现实等新兴

技术,技术的每一次进步都在不断地改变电子商务的发展历程。

✤✤政治环境

为了更好地促进电子商务的发展,各国政府会出台相应的法律、法规和政策等。以中国为例,中国政府和相关部门出台了一系列有关促进电子商务发展的政策,如《国务院办公厅关于加快电子商务发展的若干意见》(国办发〔2005〕2号)《国务院关于大力发展电子商务 加快培育经济新动力的意见》(国发〔2015〕24号)《国务院办公厅关于促进跨境电子商务健康快速发展的指导意见》(国办发〔2015〕46号)《国务院办公厅关于促进农村电子商务加快发展的指导意见》(国办发〔2015〕78号)《国务院办公厅关于推进电子商务与快递物流协同发展的意见》(国办发〔2018〕1号)《关于完善跨境电子商务零售进口税收政策的通知》(财关税〔2018〕49号)《"十四五"电子商务发展规划》等。此外,《中华人民共和国电子商务法》《中华人民共和国电子签名法》《中华人民共和国数据安全法》《中华人民共和国个人信息保护法》《中华人民共和国反垄断法》等相关法律法规的制定和实施,也在不断规范着电子商务的发展。

▶▶电子商务地位——新的经济"发动机"

电子商务对社会经济的发展起着非常重要的推动作用。电子商务不仅引领着数字经济的快速发展,而且推动了传统产业的转型,带动了社会就业创业,促进了消费升级。因此,国家不断出台相关法律法规和政策,以支持、鼓励、规范电子商务的健康发展。

➡➡电子商务行业——引领数字经济

电子商务是数字经济中最主要的组成部分,对数字经济的引领作用日益明显。近年来,中国电子商务发展成果丰硕,并向着高质量发展方向迈进。国家统计局数据显示,2021年,全国电子商务交易额达到42.3万亿元,同比增长19.6%;全国网上零售额达13.1万亿元,同比增长14.1%;全国实物商品网上零售额为10.8万亿元,占社会消费品零售总额的24.5%,对社会消费品零售总额增长的贡献率为23.6%。

电子商务赋能农业加速发展,助推乡村振兴。商务部大数据监测显示,2021年全国农村网络零售额达到2.1万亿元,比上年增长11.3%;全国农产品网络零售额为4 221亿元,同比增长2.8%。

中国跨境电子商务也在蓬勃发展,促进"双循环"新格局的构建。海关总署数据显示,2021年,跨境电子商务进出口额达1.98万亿元,增长15%;其中出口额为1.44万亿元,增长24.5%。截至2022年3月,中国跨境电子商务综合试验区数量达到了132个,有力推动了跨境电子商务较快发展。

近年来,中国直播电子商务行业在快速发展。商务

部大数据监测显示,2020年重点监测电子商务平台累计直播场次数超2 400万场,累计观看人次超1 200亿人次,直播商品数超5 000万个,活跃主播数超55万人。根据毕马威、阿里研究院综合测算,2020年直播电子商务整体规模达1.05万亿元,渗透率达8.6%。

社交电商作为一种新型的电子商务模式,正借助社交媒体加速发展。网经社数据显示,2021年社交电子商务行业交易规模达到2.5万亿元,同比增长10.09%;社交电子商务行业用户规模更是达到了8.5亿人,增长8.97%;社交电子商务人均年消费额为2 979.24元。

➡➡**电子商务政策——政府高度重视**

在电子商务发展初期,中国政府就已意识到发展电子商务对国民经济和社会发展的重要作用,并出台了相应的政策支持电子商务的发展。为了指导和推进电子商务健康发展,商务部、中央网信办、国家发展改革委等相关部门也相继编制了《电子商务发展"十一五"规划》《电子商务"十二五"发展规划》《电子商务"十三五"发展规划》《"十四五"电子商务发展规划》等相关发展规划。

同时,为了规范电子商务的发展,加强对电子商务的监管,中国政府还制定了一系列相关法律法规。例如,2018年出台的《电子商务法》对电子商务的发展具有里程碑的意义,它的颁布和实施将保障电子商务各方主体的合法权益,规范电子商务行为,维护市场秩序,促进电子商务持续健康发展。除此之外,中国颁布并实施的《中华人民共和国电子签名法》《中华人民共和国民法典》《中华人民共和国反垄断法》《中华人民共和国数据安全法》《中华人民共和国个人信息保护法》等相关法律法规也对电子商务的发展起着监管作用。

➡➡电子商务和传统产业——促进融合发展

电子商务改变了传统产业的生产、运营、管理和营销等多个环节,极大地推动了传统产业的数字化转型升级。

在农业方面,农业生产者通过电子商务平台,将农产品快速送到消费者手中,大大减少了中间交易环节,节省了中间交易成本,降低了农产品的流通损耗。电子商务还有利于推动农产品品牌化发展,助力区域农产品公共品牌建设,改善传统农产品"有特色无品牌""地标品牌少"的现象。

在制造业方面,电子商务不仅有效缩短了制造商与消费者间的距离,促进了工业消费品的在线销售;同时,还通过C2M(用户直连制造)模式使制造商进行柔性化生产,推动供给侧改革。电子商务平台利用大数据、云计算、人工智能等技术,聚合消费者的需求信息并将其反馈给制造商,进而指导制造商进行柔性化生产,从而有效降低生产成本,减少库存积压,达到供需平衡。

在服务业方面,电子商务推动了在线教育、在线医疗、在线会展等一系列在线服务业的快速发展。同时,线下的餐饮店、零售店等实体店也在利用直播、短视频、小

程序等电子商务新模式,线上展示和销售产品,线下进行消费体验,实现线上、线下融合发展。

➡➡电子商务和就业——带动就业创业

电子商务的发展为社会创造了众多的就业岗位,如电商运营、电商平台开发与维护、电商美工设计、电商客服、电商宣传推广、电商数据分析等。随着在线直播、在线教育、在线医疗等在线服务的兴起,网络主播、网络教师、网络医生等新领域的从业者也在不断增加。同时,电子商务还带动了电子支付、电商物流、信息技术服务等相关行业的就业。《2020年中国电子商务报告》数据显示,我国电子商务相关从业人数超过了6 000万人。

电子商务的发展也为广大创业者提供了一个广阔的舞台。目前,电商创业者可以非常便捷地通过淘宝、京东、拼多多等第三方电子商务平台开设自己的个人店铺,或者自建一个电子商务网站,来销售产品或提供服务,从而实现自己的创业理想。同时,电商创业也是一种比较低成本的创业方式。电商创业者不需要支付昂贵的店铺租金,甚至可以在家开展创业活动。

➡➡电子商务和消费——促进消费升级

电子商务极大地丰富了线上生活服务,已经从早期的线上购物,拓展到在线餐饮、在线出行、在线教育、在线医疗、在线文娱、在线体育、在线旅游等众多生活领域,使人们的生活变得越来越便捷。

电子商务也推动了传统消费场所的数字化转型升级。传统的商圈、步行街、零售店等消费场所在电子商务的推动下,利用5G、人工智能、虚拟现实/增强现实等新技术,进行数字化改造,实现线上、线下互动融合,提升了线下消费体验。

电子商务还催生了直播购物、社区团购等新的消费模式。随着直播电商、社交电商、社区团购等的快速发展,广大消费者越来越愿意通过网络直播间、社交平台等渠道进行购物消费。

此外,各种电商专项促销活动也促进了消费升级。例如,每年的"双11"电商促销活动都吸引着成千上万的消费者参与购物。2021年,天猫"双11"的交易额达到5 403亿元,京东"双11"的交易额超过3 491亿元。

▶▶电子商务行业——发展迅猛

随着互联网信息技术的快速进步,电子商务也在信息化时代迅速发展,它活跃了经济贸易,对于经济繁荣有着重要的促进作用。

➡➡移动电商——随时随地的商务

移动电商指的是借助通信网络传输数据,并且利用手机、平板电脑、笔记本电脑等移动终端开展各种商业经营活动的一种商务模式,如图4所示。

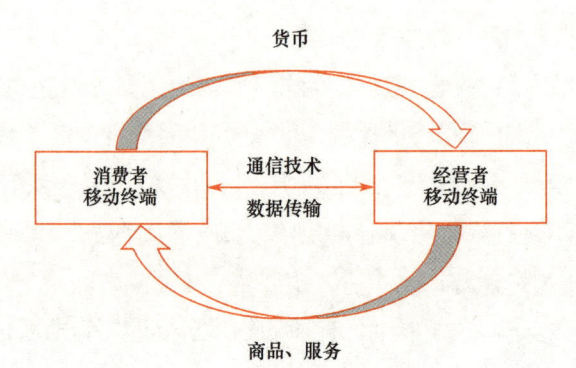

图 4　移动电商的商务模式

　　移动电商不仅是技术的创新,更是一种企业管理模式的创新。随着智能设备的日益发展,越来越多的智能设备具有通信功能,并通过将移动通信网络和互联网有机结合,方便进行信息查询、商务交易以及信息、服务和商品的价值交换。它是移动网络、互联网和智能终端设备技术发展的必然产物,具有更加方便、易携带的特性。消费者可以不受地域的限制,只需要在网络信息的覆盖范围之内都能使用服务,完全实现以客户为中心,随时随地提供用户所需信息、服务等各方面的需求。

　　从使用性来看,无论是消费者还是经营者,移动电商都能更加方便地进行商业活动。只需通过可接收到通信信号的智能设备终端,便能在第一时间准确地与对象进行沟通,不受地点、环境的影响,可以在移动状态下,也可以在旅行、开会、社交等场合进行信息查询、商务交易及对信息、服务和商品的价值交换等活动。

　　随着第五代移动通信技术(5G)的到来,数据的传输速率大大提高,也给移动电子商务带来了新的发展。移动电子商务的应用领域大致可分为面向个人应用和面向企业应用两类。面向个人应用包括移动信息服务、移动上网、移动搜索、移动支付、移动即时通信、移动购物、移动娱乐、移动电邮、移动股市等。面向企业应用包括信息化应用服务和行业应用。

➡➡跨境电商——买全球、卖全球

跨境电子商务是指买卖双方来自不同的国家和地区,借助网络及有关中间信息平台把传统国际贸易通过电子商务的方式及手段完成,并通过跨境物流送达商品,完成交易,实现在线批发和零售的一种国际商业活动。跨境电商的交易流程如图 5 所示。这类贸易方式将国际贸易和电子商务的贸易特征相结合,具体表现在:充分依赖现代信息技术和网络渠道完成交易;由一个经济体成员向另一个经济体成员提供贸易服务。而且贸易双方的交易过程数字化。这使得我们足不出户便能在全球范围内进行买卖。

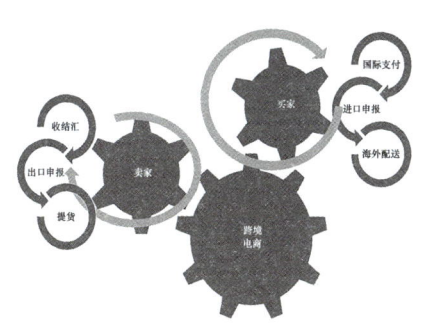

图 5　跨境电商的交易流程

(1)跨境电商的买家：

①海外代购

②直发/直运平台

③自营电子商务企业

④导购/返利平台

(2)跨境电商的卖家：

①自营电商平台

②第三方电商平台

③交易服务平台

④信息服务平台

跨境电子商务又分为跨境进口电子商务和跨境出口电子商务。跨境进口电子商务的商业模式按照商品来源可以将其分为 M2C 模式、B2C 模式和 C2C 模式；跨境出口电子商务的商业模式可以分为信息服务模式、交易服务模式、开放平台模式和自营平台模式。跨境电商正在成为中国外贸的重要部分。海关统计数据显示,2021 年我国跨境电商进出口额达 1.98 万亿元,增长 15%；其中出口额达 1.44 万亿元,增长 24.5%。在市场采购方面,出口规模突破 9 000 亿元。随着全国市场采购试点的扩大,2021 年我国市场采购出口额为 9 303.9 亿元,增长 32.1%,占同期出口总值的 4.3%,拉动出口增长 1.3 个百分点。在外贸形势严峻复杂之际，跨境电商成为中国外贸抵挡"寒冬"、实现"优进优出"的重要增长点。

"一带一路"建设可加速跨境电商行业洗牌。具体来说，跨境电商由低门槛向专业化、平台化转移，行业资源整合进程加快，竞争由价格向品牌、质量和服务转变，一系列中国品牌有望"走出去"。借力"一带一路"倡议，推动跨境电商的产业结构调整、健康有序发展，需要加速线上、线下O2O融合，打造中国品牌，优化行业监管。

➡➡新零售——线上、线下融合

新零售概念指的是未来的零售是线上、线下、物流真正融合的"新零售"，且只有线上、线下、物流的深度融合才能创造出"新零售"。

新零售是为区别于传统零售的一种新型零售业态的表述方式，如图6所示。所谓新零售，指的是利用先进的互联网技术，把传统的零售方式加以创新，用新的理念和思维指导营销，使得货品和服务最终出售给消费者的全部活动内容。它不应该只是O2O和物流的融合，其从业者更需要掌握云计算、大数据等创新技术，它既包括全渠道又远超过全渠道，模糊了以前定义的零售边界，用全新的方式面向全部消费者。所以，新零售能让消费者在最短时间内买到自己想要的产品和服务。

```
         新零售
        物流
      创新思维
    传统商品、服务
云计算、大数据、算法结构的互联网技术
```

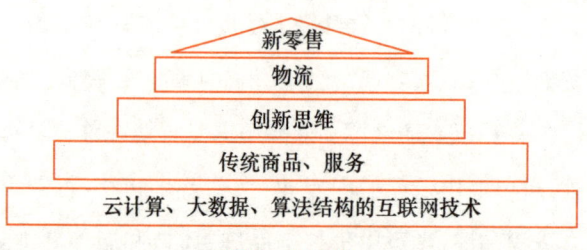

图 6　新零售

目前很多国家把零售业当作该国最重要的行业之一来发展,经济市场化、社会现代化的特征表明零售业不仅可以为国民生产总值贡献重要力量,还是一国财政税收的主要贡献者,更与一国消费者生活水平息息相关。近年来,我国经济发展现代化特征明显。根据国家统计局2022年2月28日发布的《中华人民共和国2021年国民经济和社会发展统计公报》初步核算,2021年全年国内生产总值为1 143 670亿元,比上年增长8.1%,如图7所示。其中,第一产业增加值为83 086亿元,比上年增长7.1%;第二产业增加值为450 904亿元,增长8.2%;第三产业增加值为609 680亿元,增长8.2%,如图8所示。第一产业增加值占国内生产总值比重为7.3%,第二产业增加值比重为39.4%,第三产业增加值比重为53.3%,如图9所示。

图7 2017—2021年国内生产总值及其增长速度

图8 2020—2021年三产业增加值

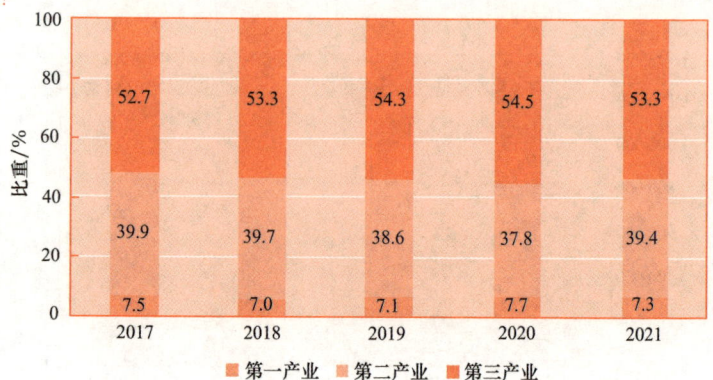

年份	第一产业	第二产业	第三产业
2017	7.5	39.9	52.7
2018	7.0	39.7	53.3
2019	7.1	38.6	54.3
2020	7.7	37.8	54.5
2021	7.3	39.4	53.3

图9 2017—2021年三产业增加值占国内生产总值比重

第三产业吸纳了全国将近一半的就业人口，而从事批发和零售业的人数超过第三产业的三分之一，且这一比例呈逐年增加趋势，说明零售业是解决就业、转移劳动力的重要渠道。电子商务催生了线上销售，然而线上销售只是零售模式的一个新特点，零售行业未来的发展趋势更偏向于线上、线下二者的结合。

随着新型社交平台（抖音、快手等）的广泛使用，新零售模式也发展迅速，我国社交平台活跃用户呈爆发式增长，借助社交媒体平台开展营销活动引起各大商家关注，导致社交电商发展迅速。以美团、大众点评等为代表的生活服务平台功能继续完善，与百姓息息相关的餐饮、娱乐、便利店、医疗、家政等逐步建立起线上预约、线下服务的生活服务型电商模式，各类移动应用程序电商化趋势明显。线上预约、线下消费的模式变为传统零售与线上零售结合的新途径。

➡➡**农村电商——助力乡村振兴**

农村电商是指利用互联网、计算机等现代信息技术手段,为从事涉农领域的生产经营主体提供在网上进行产品或服务的销售、购买和电子支付等业务交易,包括农产品电子商务、农资电商、农村日用工业品电商和再生资源电商,具体如图10所示。

图10 农村电商

农村电商在我国迅速发展普及,对带动就业、农民增收和精准扶贫等都发挥了重要作用。国家商务部2022年1月27日例行发布会的整理信息显示:农村电商有效助力乡村振兴。2021年全国农村网络零售额2.05万亿元,比上年增长11.3%,增速加快2.4个百分点。全国农产品网络零售额4 221亿元,同比增长2.8%。"数商兴农"深入推进,农村电商"新基建"不断完善。商务部委托第三方大数据统计显示,2020年全国832个国家级贫困县网络零售总额3 014.5亿元,同比增长26.0%。其中,第四季度国家级贫困县实现网络零售额945.7亿元,同比增长30.4%,主要指标持续向好,发

展动能不断增强。各级政府都关注农村电商的发展,在政策、资金等方面予以扶持。2015—2022年的"中央一号文件"对农村电商工作提出了要求。

  国家对农村电商发展重视程度逐年提高,研究的具体内容主要集中在我国农村电商的产生与发展、电子商务发展过程中存在的问题和解决方案,以及未来如何发展农村电子商务等。汪向东(2013)总结了农村电商的不同发展模式,以借助的产业基础不同为区分,将农村电商划分为以下四类:以商贸店铺为依托的、以工业基础为依托的、以农业特色为依托的、以电商创新为依托的电子商务。并对不同模式的农村电商发展经验及对策做出总结,为其他农村发展提供借鉴。洪勇(2016)认为,我国农村电商虽然发展迅速,但电子商务服务十分滞后,尤其在中西部地区更为明显,以物流服务为例,物流企业数量少、收费高、服务质量低下,电子商务服务的滞后严重制约了农村电商整体竞争力的提升。侯振兴等(2017)提出,甘肃省农产品电子商务发展政策必须优化政策工具、完善政策体系。孙毅(2017)指出,兴建基础设施、加大宣传力度、加强专业人才引进、更新农民消费观念等促进农村电子商务政策的优化。顾静(2018)指出,优化农村物流体系、延长并完善电商产业生态链,促进江苏省农村电商政策发展。钟芸(2018)指出,农村电商发展政策需政府对农村电子商务加强理解、完善监管政策、加大人才政策力度。单文丽(2019)指出,结合高校社会服务职能,以农村电商服务为抓手,培育现代化农村电商人才,将高校的智力、技术和项目资源辐射到广大农村地区。

"三农问题"是关系国计民生的根本性问题。乡村振兴战略是习近平总书记强调的以人民为中心的发展理念在三农领域的具体体现,更是习近平新时代中国特色社会主义思想的重大创新和实践探索。从现有的研究来看,学者们对于乡村振兴的内涵、实施重点、措施等进行了多维度的研究,对于农村电商也进行了多方面的探讨,也认识到发展农村电商是实现乡村振兴的重要抓手。

拓展阅读

中国电商旗舰平台——阿里巴巴集团

读者熟知的现代电子商务的典型案例就是中国电商旗舰平台——阿里巴巴集团。它是由创始人与其他有着不同背景的伙伴共18人,于1999年在中国杭州创立的。经过二十多年的发展,阿里巴巴集团由一个简单的线上批发交易市场发展成为一个涵盖了消费者、品牌、零售商、第三方服务提供者、战略合作伙伴及其他企业的生态体系。2022财年,阿里巴巴生态体系的商品交易额(GMV)为人民币8.32万亿元,全球年度活跃消费者达到约13.10亿。阿里巴巴集团旗下除了大家所熟知的淘宝(Taobao)和天猫(Tmall)两大零售电商平台外,还有速卖通(AliExpress)、来赞达(Lazada)、

考拉海购、阿里巴巴国际站、1688等众多批发零售电商网站,为广大商家和消费者提供了便捷的线上交易平台。阿里巴巴集团的使命就是"让天下没有难做的生意";为了解决交易双方的信任问题,推出了支付宝;为了使营销更精准,搭建了阿里妈妈;为了提高物流效率,构建了菜鸟网络;为了提升数字化水平和协作办公能力,打造了阿里云和钉钉平台。阿里巴巴集团一直致力于帮助商家变革经营方式,并借助新技术的力量与用户和客户进行互动,提升经营效率。

电子商务市场欣欣向荣

满眼生机转化钧,天工人巧日争新。

——清 赵翼《论诗》

▶▶电子商务企业——群雄逐鹿

在我国电子商务发展的二十多年时间里,诞生了诸多世界知名的电子商务企业。有百度、阿里巴巴、腾讯、京东等头部企业,有头条、美团、拼多多、抖音等网络后起之秀,也有小米、华为、格力等跨境巨头。本节将对我国电子商务行业的上述代表性企业进行介绍。

➡➡第一梯队——BATJ

第一次接触电子商务,可能很多人不了解什么是BATJ,但相信你一定接触过它们的各种产品和服务。那么,到底什么是BATJ呢?它们又为什么发展壮大成

长为电子商务企业的第一梯队呢？BATJ是我国四个有代表性的互联网公司的名称缩写，分别指代百度、阿里巴巴、腾讯和京东。中国互联网协会2021年发布的《中国互联网企业综合实力指数（2021年）》对中国互联网企业进行了实力排名（图11），其中综合实力最强的是阿里巴巴，其次是腾讯，然后是百度，最后是京东。说起这四家企业，相信你一定会第一时间想到他们创始人创业的励志故事，这些故事给了我们巨大的信心和勇气去拼搏，但今天我们重点要介绍的是这些企业如何发展壮大并带动我国传统行业的转型和发展。

排名	中文名称	主要业务与品牌	所属地
1	阿里巴巴（中国）有限公司	淘宝、天猫、阿里云、高德	浙江省
2	深圳市腾讯计算机系统有限公司	微信、腾讯视频、腾讯云、腾讯会议	广东省
3	百度公司	百度搜索、百度智能云、小度、Apollo自动驾驶开放平台	北京市
4	京东集团	京东、京东物流、京东健康	北京市

图11 2021年中国互联网综合实力企业

（来源：《中国互联网企业综合实力指数（2021年）》）

❖❖❖ 阿里巴巴

2007年11月6日，阿里巴巴在香港联交所上市，市值200亿美金，成为中国市值较大的互联网公司。随着其业务的不断发展，从商业拓展至云计算、数字媒体及娱乐等众多其他领域，阿里巴巴已经成为一个独特的、充满活力与创新的生态体系，为中小企业创造公平的环境，让中小企业通过创新与科技拓展业务，并更有效地参与中国及国际市场竞争，使参与者能够在其平台上创造并分享价值。2021财年业绩表明，阿里巴巴集团如今生态体系的商品交易总额已经超过8.12万亿元，在中国零售市场的商品交易总额超过7.49万亿元。如此规模的阿里巴巴，仍然坚持创造正面的社会影响，他们坚信只有为社会解决大规模问题，才能创造并维持一个盈利且向好的企业。截至2021年，阿里巴巴已经促成7 000万人直接及间接就业，并在2020年，启动"春雷计划2020"帮助中小企业"危"中寻"机"，如图12所示。

图12 阿里巴巴春雷计划2020

（来源：阿里巴巴国际站）

❖❖❖ 腾讯

腾讯成立于1998年11月，并于2004年6月在香港上市。成立二十多年以来，腾讯一直秉承"一切以用户价值为依归"的经营理念，主要提供互联网增值服务、移动及电信增值服务和网络广告服务。通过即时通信软件QQ、微信等工具，腾讯打造了中国较大的网络社区。在

专注线上社交的同时，腾讯一直致力于借助互联网赋能实体经济。微信作为新生产工具，在稳企业、稳就业上发挥了积极作用，微信生态在2020年创造了3 684万个就业机会。2021年，腾讯又将整体战略升级为"扎根消费互联网，拥抱产业互联网，推动可持续社会价值创新"。由此，腾讯更加坚定了借助自身技术优势助力实体经济数字化转型的发展方向。腾讯成立以来，一直把正直作为他们的核心价值观，无论遇到什么挑战，从未动摇。对正直的坚持，吸引了一批秉持同样价值观的同路人，也帮助他们自省、反思与向善，从一棵小树苗长成现在的参天大树。

❖❖❖ 百度

百度2000年1月1日创立于中关村，公司创始人拥有"超链分析"技术专利，也使中国成为除美国、俄罗斯和韩国之外，全球仅有的拥有搜索引擎核心技术的国家之一。作为全球领先的中文搜索引擎，百度每天响应来自100余个国家和地区的数十亿次搜索请求，是网民获取中文信息的重要入口。2020年，百度App月活跃用户数达5.44亿人，日活跃用户占比超过70%，信息流在中国处于领先地位。百度知道、百度百科、百度文库等六大知识类产品累计生产超10亿条高质量内容，构建了丰富的知识内容体系。百度业务和活跃用户如图13所示。

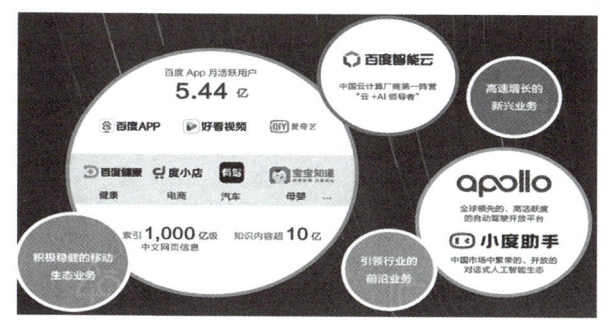

图13　百度业务和活跃用户

(来源：《百度2020年环境、社会及管治(ESG)报告》)

京东

京东自1998年成立以来，经过二十多年的发展，已经由一家电子产品代理商发展成为通过电子商务助力经济高质量发展的高科技企业。京东物流位于上海的全球首个全流程无人仓"亚洲一号"仓的应用，已经成为中国智慧物流的名片，以完美挑战"双11"订单生产高峰的姿态，在央视纪录片《大国重器》中被隆重介绍(图14)。由中国物流人自主研发的无人仓智能控制系统，实现了从自动化到智慧化的革命性突破，正在开启全球智慧物流的未来。在我们所熟知的网络零售背后，是京东以消费者体验为中心的长期坚持和对供应链数字化和智能化发展的持续努力。

图14 京东"亚洲一号"仓

(来源：CCTV 电视节目《大国重器》第二季)

BATJ 是目前我国电子商务企业的第一梯队，它们用自己的"摸爬滚打"敲开了中国电子商务的大门。现在，它们又以自身企业发展带动传统企业数字化转型，借助自身平台帮助中小企业创造价值，实现电子商务生态系统的健康循环发展，助力我国经济发展更上一层楼。

➡➡电商新贵

今日头条(字节跳动)和美团是与 BATJ 相对应的电商后起之秀，它们被称为继 BATJ 之后占领我国互联网市场的第二梯队互联网公司。

❖❖ 今日头条

今日头条是北京字节跳动科技有限公司开发的一款基于数据挖掘的推荐引擎产品，致力于连接人与信息，让优质丰富的信息得到高效精准的分发，帮助用户看见更大的世界。今日头条目前拥有推荐引擎、搜索引擎、关注订阅和内容运营等多种分发方式,包括图文、视频、问答、微头条、专栏、小说、直播、音频和小程序等多种内容体裁。除了今日头条外,字节跳动公司的产品还包括被大家广泛喜爱并使用的短视频平台抖音、年轻人聚集的内容互动社区皮皮虾等。在2020年初,字节跳动举全平台之力,助力社会各界共渡难关:今日头条紧急开通专题频道,并同时为字节跳动内部产品及外部第三方提供相关内容和数据支持。

❖❖ 美团

大家可能都使用过美团来点外卖或者购买生活用品,而这仅是它的"冰山一角"。美团作为一家吃、喝、行、游、购、娱一站式的平台,要创造的价值不仅是帮大家吃得更好,还要让大家日常生活的方方面面变得更好。美团官方网站显示,截至2020年8月,美团单日外卖交易笔数超过4 000万笔。当然,外卖行业的快速发展也可能对环保带来负面影响。为此,美团外卖一直高度重视环保问题。2018年8月30日,美团外卖启动"青山计划",致力于为外卖环保问题寻求系统性的解决方案(图15)。现在,美团携手社会各界为用户提供安全、健康、绿色的产品与服务,积极倡导推进绿色消费,促进企业发展与环境的和谐共生,为城市高质量发展、人民高品质生活贡献力量。

图 15　美团外卖"青山计划"

(来源：美团官网)

➡➡异军突起——拼多多、抖音

拼多多和抖音作为新生代电子商务平台，分别于 2015 年和 2016 年上线。虽然它们在刚面世时，都因平台内容监管不严，商品货源不清、假冒伪劣等问题饱受争议。但是，它们在短短几年之内通过不断治理改善，发展成为现在中国电子商务的新生力量，更是发展成为综合实力前十强的中国互联网企业。

✦✦ 拼多多

拼多多创立于 2015 年 4 月，是成长于上海的互联网企业。拼多多生于移动年代，以农产品零售平台起家，深耕农业，开创了以"拼"为特色的农产品零售的新模式，并逐步发展成为以农副产品为鲜明特色的全品类综合性电商平台，是具备规模的纯移动电商平台。作为新电商开创者，拼多多致力于以创新的消费者体验，将"多实惠"和

"多乐趣"融合起来,为广大用户创造持久的价值。拼多多官网数据显示,截至 2021 年 6 月,平台年度活跃用户数达到 8.50 亿人,商家数量达到 860 万,平均每日在途包裹数逾亿单,是中国用户数较多的电商平台,更是全世界较大的农副产品线上零售平台。

❖❖ 抖音

"刷抖音"已经成为年轻人生活的重要内容。抖音是一个帮助用户表达自我、记录美好生活的平台。2020 年 9 月 15 日,字节跳动 CEO 在抖音创作者大会上公布了抖音最新日活数据,截至 2020 年 8 月,包含抖音火山版在内,抖音日活跃用户超过 6 亿人,并继续保持高速增长(图 16)。抖音致力于以优质丰富的内容生态、高效精准的分发方式,帮助数以亿计的用户看见更大的世界,激发对更美好生活的感知和追求。抖音始终将人作为产品功能和服务的出发点,希望用户付出的每一分钟都能获得与之匹配的价值,共同记录美好现场,探寻未知的精彩。2021 年 1 月 26 日,抖音与央视春晚联合宣布,抖音成为 2021 年春晚独家红包互动合作伙伴。这是继 2019 年春晚后,抖音第二次与央视春晚达成合作。2019 年,抖音曾以独家社交媒体传播平台的身份亮相春晚,联合发起"幸福又一年"新媒体行动,向全国人民传递新春祝福。

抖音

8大艺术门类内容短视频达 **2.8亿条**

教育类内容累计播放量 超**10万亿次**

读书类内容累计播放量 **2,657亿次**

在抖音直播的博物馆 **20余家**

图16 抖音"丰富内容满足多元期待"

(来源:《北京字节跳动2020企业社会责任报告》)

➡➡群雄跨界——小米、华为、格力

电子商务以其跨地域、跨行业、实时化、创新性强的特质,通过提供新的服务、新的市场和新的经济组织方式,推动企业业务流程的改造和经营模式的创新,带动产业链协同发展,推进区域经济和内外贸易融合发展。

✥ 小米

小米凭借MIUI系统和"发烧友"打响了小米手机的名声。自2017年开始,小米经过4年多规划与验证,确立了其发展的核心战略——手机×AIoT(人工智能AI＋物联网IoT)。在这一战略指导下,小米再次明确了智能手机业务的核心地位,AIoT业务将围绕手机核心业务构建智能生活,做小米价值的放大器。在智能互联进一步融合的当下,"手机×AIoT"的核心战略,会更强调乘法效应,渗透更多场景,赢得更多用户,成为小米商业模式的护城河,真正让全球每个人都能享受科技带来的美好生活,让小米真正成为未来生活的引导者。通过独特的"生态链模式",小米投资带动了更多志同道合的创业者,至2021年11月已经建成了连接超过1.3亿台智能设备的IoT平台。现在的小米已经是一家以智能手机、智能硬件和IoT平台为核心的消费电子及智能制造公司。

❖❖❖ 华为

华为创立于1987年,是全球领先的ICT(信息与通信)基础设施和智能终端提供商。华为致力于把数字世界带给每个人、每个家庭、每个组织,构建万物互联的智能世界:让无处不在的连接,成为人人平等的权利,成为智能世界的前提和基础;为世界提供最强算力,让"云"无处不在,让智能无所不及;所有的行业和组织,因强大的数字平台而变得敏捷、高效、生机勃勃;通过AI重新定义体验,让消费者在家居、出行、办公、影音娱乐、运动健康等全场景获得极致的个性化智慧体验(图17)。迈向基于愿景假设和世界级难题驱动的理论突破和基础技术发明的创新2.0时代,华为在创新领域持续强力投资,推动创新升级,不断为全行业、全社会创造价值,让更多人、更多家庭和组织受益于万物互联的智能世界。

图 17　华为创新 2.0

(来源：华为官网)

❖❖ 格力

珠海格力电器股份有限公司是多元化、科技型的全球工业制造集团，产业覆盖家用消费品和工业装备两大领域。近些年，格力注意到线上零售布局的重要性，格力店铺全面展开，公司董事长更是亲自直播带货，13 场直播，带货 476 亿元！格力线上模式的布局，不仅拉近了格力总部与终端消费者和小经销商的距离，更是弱化了传统渠道的销售公司和大型代理商，实现了渠道的利润再分配，提高了渠道效率。而在 2019 年底，格力对外展示了家电"一呼百应"的智能家居全景蓝图，可通过格力语音空调、"格力＋"App、物联手机、智能门锁、魔方精灵五大控制入口，实现格力所有大小家电产品的互通互联。甚至在规划中，格力还将打造智慧厨房、智慧卧室、智慧浴室、智慧书房等（图 18）。格力选择与阿里合作，布局 IoT，借助后者流量入口激活自身 IoT 能力。目前，天猫精灵已与格力在空调、冰箱、电风扇、取暖器等多个品类展开合作。

图18 "格力＋"App

(来源:格力官网)

▶▶中国电子商务趋势——融合发展

中国电子商务发展在空间维度上呈现纵深化与国际化趋势,在产业融合上呈现数字产业化和产业数字化趋势,在营销方式上呈现个性化和精准化趋势,在电商平台发展上呈现专业化和移动化趋势。

➡➡空间维度——纵深化和国际化

✣✣ 纵深化:农村电子商务

电子商务发展的纵深化强调渠道下沉,即电子商务市场由城市到乡村的拓展。国家统计局数据显示,2020年,全国网上零售额11.8万亿元,同比增长10.9%,其中,实物商品网上零售额9.8万亿元,增长14.8%。我国县域网络零售额达3.5万亿元,比上年增

长14.0%,占全国网络零售额比重的30.0%,提高0.9个百分点。其中县域农产品网络零售额为3 507.6亿元,同比增长29.0%。沙集模式是电子商务纵深化发展的典型代表。在徐州市睢宁县沙集镇,农户在多元平台上从事线上交易,由农民变成网商,直接对接市场。这样,沙集的农民们可以先开店后生产,先找买家再做卖家,农户纷纷在自家庭院或宅基地上办厂,"公司"成为沙集电商的重要组织制度,生产管理制度、生产标准制度的建立使沙集加工产业迅速崛起,通过制度化的组织与传统小农经济形态告别。伴随着网店和产业的壮大,沙集的服务产业体系迅速形成,由店铺运营服务、财务法律服务、电信运营服务、金融服务等组成的服务产业快速发展,从而形成了需求创造生产、市场创造服务的"三产"融合发展新模式。

国际化:跨境电子商务

你海淘过吗？体验怎么样？海淘是跨境电子商务的重要形式,符合电子商务国际化的发展趋势。跨境电子商务是指分布在不同国家的买卖双方借助电子商务所进行的商业活动,包括跨境进口(把产品买入国内)和跨境出口(把产品销往国外)等不同类型。随着人们生活水平的日益提升,通过跨境进口零售电商平台购入海外商品成为消费者的重要购物选择,跨境电子商务为中国消费升级提供了重要渠道。2020年,中国跨境进口零售电商的市场规模约为2 050亿元(图19),在未来政策、消费等各类环境趋于稳定的前提下,2021—2025 年行业年均复合增速可维持在 25% 左右。

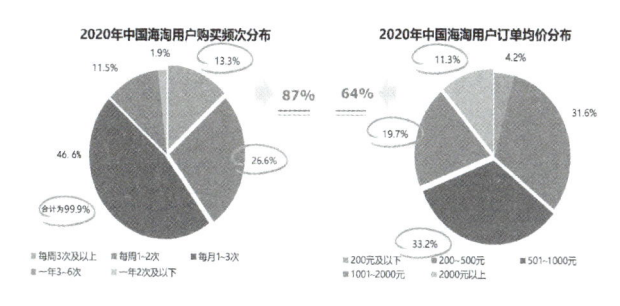

图 19　2020 年中国海淘数据图

(来源:2021 年中国跨境海淘行业白皮书)

➡➡**电商行业——数字产业化**

数字经济是我国未来经济发展的"主形态"。作为借助互联网等信息网络销售商品或者提供服务的经营活动,电子商务本身便是数字经济的重要组成部分,是催生数字产业化、拉动产业数字化、推进治理数字化的重要引擎。中国信息通信研究院《中国数字经济发展白皮书(2020 年)》中的数据显示,以电子商务为代表的数字经济近年来正取得长足的进步,我国数字经济增加值规模由 2005 年的 2.6 万亿元增加到 2019 年的 35.8 万亿元,占 GDP 的比重逐年提升,由 2005 年的 14.2% 提升至 2019 年的 36.2%,2019 年占比同比提升 1.4 个百分点,在国民经济中的地位进一步凸显。电子商务在我国数字经济发展中起到了非常重要的作用。

除了传统商品的网络交易外,大数据的网络交易也是电子商务数字产业化的代表形式。以上海数据交易所为例,数据交易所首先要对企业提供的数据做审核和评估,评估数据来源的合规性、数据本身的合规性和数据的质量。在这些评估完成之后,企业就可以到数据交易所进行挂牌,有需求的企业可以在数据交易平台上查看有没有符合要求的数据,如果有就可以发起交易请求。像上海数据交易所这样的"进场交易",比传统线下双方直接交易可以更有效率也更合乎规范。因为传统模式下,一家企业需要对接不同的数据资源,效率不高;对数据提供方而言,通过数据交易平台,可以找到很多个潜在的客户,同样也可以提升效率,确保平台上的数据都是合规合法的。

➡➡ 传统产业——产业数字化

当传统产业联合数字经济,会擦出怎么样的火花呢?当今时代,新一轮科技革命和产业变革方兴未艾,以互联网、大数据、云计算、人工智能等为代表的新一代信息技术发展日新月异,并加速向各领域广泛渗透,不断催生新产业、新模式、新业态。数字化转型是企业对数字化技术的创新应用,已成为全球传统产业发展的重要趋势之一。

✥✥✥ 一汽集团

中国第一汽车集团(简称"一汽集团")想必大家都很熟悉。在 2020 年,汽车领域受到很大的冲击。一汽集团官方数据显示,2020年第一季度中国汽车市场份额下降42%,但一汽集团累计销售汽车226.8万辆,同比增长6.4%,实现逆势增长,主要得益于集团坚持全面深化改革、支撑数字化转型进程的系列举措。在研发领域,数字化研发为一汽集团打造了更加敏捷的汽车开发新模式。比如,打造协同设计和虚拟仿真平台,可实现多专业、一体化、全天候的在线协同开发,能使开发效率提升40%以上,产品研发周期缩减6个月以上。又如,通过数字建模、虚拟现实、虚拟仿真等先进手段,打通了从概念设计到创意实现再到造型评审的全流程,让一汽集团的研发团队打破了时间和空间限制,极大地提升了设计的效率、质量和速度。互联网、大数据等信息技术为以一汽集团为代表的传统制造业带来了转型发展的新机遇。

❖❖❖ 雄狮科技

说起雄狮科技可能大家会有点陌生,但是说起奇瑞想必大家都不陌生。可以说奇瑞是最早被世界感知的中国汽车工业品牌之一。奇瑞风雨兼程几十年,一度站在了中国自主汽车品牌的巅峰。雄狮科技是奇瑞在汽车"新四化"中布局智能化的神来一笔。它专注于智能汽车产业全产业链的技术开发及生态发展,业务包含自动驾驶、车联网、数据运营、智能制造和移动出行服务,实现奇瑞在研发、制造、营销、用户服务等全生命周期的数字化、智能化布局。2020年,奇瑞在雄狮南京研发中心加大投入,重点在车联网云平台、自动驾驶、系统测试、大数据等

方面。在奇瑞内部,"雄狮科技"是奇瑞第七大业务板块,前面六个代表传统,第七个代表未来。实际上这是电子商务为传统制造业带来的机遇。

➡➡营销方式——个性化和精准化

在淘宝平台进行购物的时候,你有没有发现"猜你喜欢"里面的商品,确确实实都是你所喜欢的呢?这其中就运用了个性化、精准化的营销方法。网络兴起以来,人们对于网络越来越熟悉,生活处处都需要网络的参与,网上购物、网上支付成了常态,初期各大企业都瞄准商机,积极开展网络营销,也取得了一定的成效。但随着时间的推移,各种企业千篇一律的网络营销方式开始成为企业发展的阻碍。现在企业的重点不再放在吸引消费者眼球上,而是积极寻求能够利用信息传播速度引起消费者共鸣的方法。

个性化推荐指的是在数字时代背景下,企业为了顺应时代,创造生存和发展的空间,充分利用并依据大数据和信息化技术,以搜索引擎和浏览记录作为主要信息收集窗口,对用户的信息进行收集和分析,通过数据算法向消费者推荐个性化内容的一种数据型的精准营销手段。淘宝从2013年推出了"个性化推荐"即"千人千面"的推荐引擎。通过收集用户的搜索记录获得用户的需求导向,将生成的数据信息作为源植入推荐算法并开始运作,生成的结果通过调动相应图文的方式呈现在用户平台的使用页面上。个性化推荐在提高企业运营效率、提升消费者购物体验的同时，也带来了大数据杀熟、诱导沉迷消费等突出问题，引发了社会的不满，也引起了国家监管部门的关注。2022年3月起正式实施的《互联网信息服务算法推荐管理规定》强调规范互联网信息服务算法推荐活动，维护国家安全和社会公共利益，保护公民、法人和其他组织的合法权益，促进互联网信息服务健康发展。所以，在享受个性化和精准化服务的同时，一定要注意自己的信息安全和隐私。

➡➡平台发展——专业化和移动化

相信大家对专业化和移动化这两个词并不陌生，但若放到电商情境下又该如何去理解呢？我们先来看专业化。目前市场中消费者的个性化要求日趋强烈，个性化信息需求和个性化商品需求将成为发展方向。为满足此类个性化需求，提供细分商品或服务的专业化电子商务平台将应运而生。移动化是随着智能手机等终端设备的普及以及无线网络的升级，使得商务活动能够在各种移动终端上有效进行。

✦✦ 专业化

为了满足更多个性化需求，催生了提供细分商品的专业化电商平台，其中医疗和旅游是发展较为典型的领域。目前医疗行业发展的趋势是在横向上扩展内容广度，在纵向上深挖内容深度，以此形成多元化、精细化的

医疗内容矩阵。春雨医生就是其中一个典型的例子,从构建医生和用户之间的交互通道开始,深耕医疗行业的多个方面。目前春雨医生的业务包括健康教育、医院合作、流量运营,通过在线问诊、在线门诊和家庭医生等为医患提供服务,此外还包含保险、药品、大数据、金融服务和企业服务等衍生服务。旅游平台也通过数字转型升级不断满足个性化、专业化需求,其中典型的案例就是携程。专业化平台其中一个方面的改进就是在需求上,借助用户需求升级推动旅游产品服务迭代。对于携程来说,其以"定制旅行""私人向导"等升级服务,全方位地满足了顾客所需,让顾客成为自己旅行计划的制订者和引导者。

✤ 移动化

移动化的电子商务以借助移动化终端为主要特征,其特点就是能够实现"随时随地""线下线上"的交易活动,它是电子商务平台发展的新趋势。大家可以仔细观察一下生活所需的各个方面,其实都能看到移动电子商务的身影。例如,拿起手机就可以购物,走出家门即可以乘坐交通工具,支付商品扫个码即可,等等。可以说,移动化电商平台已经遍布我们生活的方方面面。我们现在常用的各类手机银行的软件,其实也是将"银行搬到用户身边"的移动化转型。以前大家需要亲自到银行办理转账等业务,然而现在已经可以随时随地通过手机访问自己的银行账户了。

▶▶《"十四五"电子商务发展规划》

《"十四五"电子商务发展规划》是我国电子商务未来五年发展的总体性纲领,指出了我国电子商务发展的主要目标与任务。本节将对我国《"十四五"电子商务发展规划》(以下简称《规划》)的内容进行简要介绍。

➡➡什么是"十四五"规划?

"十四五"规划是我国第十四个"五年规划"的简称,一般是指《中华人民共和国国民经济和社会发展第十四个五年规划和2035年远景目标纲要》。"五年规划"是我国国民经济计划的重要部分,属长期计划,主要是对国家重大建设项目、生产力分布和国民经济重要比例关系等做出规划,为国民经济发展远景规定目标和方向,是中国特色社会主义发展模式的重要体现,已经成为中国发展的制度优势。与我国国民经济"十四五"规划相一致,《规划》详细阐明了"十四五"时期我国电子商务的发展方向和任务所在,也将是电子商务领域市场主体的行为导向,是各级相关政府部门履行职责的重要依据。

➡➡《规划》的要点是什么?

《规划》在现实背景和前期规划的基础上,进一步明确了电子商务未来发展的主要目标和主要任务。

❖❖❖ 主要目标

到2025年,我国电子商务高质量发展取得显著成效。电子商务新业态、新模式蓬勃发展,企业核心竞争力大幅增强,网络零售持续引领消费增长,高品质的数字化生活方式基本形成。电子商务与一二三产业加速融合,全面促进产业链、供应链数字化改造,成为助力传统产业转型升级和乡村振兴的重要力量。电子商务深度连接国内国际市场,企业国际化水平显著提升,统筹全球资源能力进一步增强,"丝路电商"带动电子商务国际合作持续走深走实。电子商务法治化、精细化、智能化治理能力显著增强。电子商务成为经济社会全面数字化转型的重要引擎,成为就业、创业的重要渠道,成为居民收入增长的重要来源,在更好满足人民美好生活需要方面发挥重要作用。

到2035年,电子商务成为我国经济实力、科技实力和综合国力大幅跃升的重要驱动力,成为人民群众不可或缺的生产生活方式,成为推动产业链、供应链资源高效配置的重要引擎,成为我国现代化经济体系的重要组成部分,成为经济全球化的重要动力。同时,也在技术、行业、政策等多个方面进一步明确了在"十四五"期间,电子商务发展的主要内容,其主要集中在创新、治理和合规,力促电子商务高质量发展。

❖❖❖ 主要任务

《规划》指出,未来五年我国电子商务发展的主要任务包括七个方面：一是深化创新驱动，塑造高质量电子商务产业；二是引领消费升级，培育高品质数字生活；三是推进商产融合，助力产业数字化转型；四是服务乡村振兴，带动下沉市场提质扩容；五是倡导开放共赢，开拓国际合作新局面；六是推动效率变革，优化要素资源配置；七是统筹发展安全，深化电子商务治理。

➡➡《规划》的需求是什么？

《规划》提出构建"电子商务多元共治格局"的治理要求和任务。在明确电子商务发展的主要目标和内容之后，对于各行各业的需求也就跃然纸上。

在政府层面上，要在不断提高党对电子商务高质量发展工作全面领导的同时，加强引导和监督。政府作为市场的监管主体，需要在源头上做好监督和把控。《规划》中指出要更好地发挥政府作用，加强引导和监督，推动政企协同，实现有效市场和有为政府的良性互动。这就要求政府和相关职能部门要不断加强电子商务与相关产业政策的衔接，并引导市场主体发挥自治自律作用，共同解决发展中遇到的重点、难点问题。

在经营者层面上，需要加强平台自治。由政府和相关部门在源头上把控，督促电子商务平台的经营者加强对平台内经营者的管理，从技术和规则两个方面提升平台自治能力。同时《规划》还明确了电子商务平台经营者需要贯彻落实网络安全等级保护制度，积极响应国家对

于网络数据安全方面的要求,保护消费者隐私和数据安全。

在行业组织层面上,加强行业自律。《规划》中指出,要充分发挥各类第三方行业组织力量,助力形成政府、企业、行业组织等多方共同参与的电子商务市场治理体系。电子商务发展和社会共治离不开行业各个组织,行业组织通过共同建立行业标准,互相监督发展,能为电子商务的持续高质量发展提供有力支持。

拓展阅读

京东——引领电商高质量发展,践行企业社会责任

京东于2004年正式涉足电商领域。2014年5月,京东在美国纳斯达克证券交易所正式挂牌上市,是中国第一个成功赴美上市的综合型电商平台。京东定位于"以供应链为基础的技术与服务企业",业务涉及零售、科技、物流、健康、保险、产品开发和海外投资等领域。作为同时具备实体企业基因和属性、拥有数字技术和能力的新型实体企业,京东以扎实、创新的新型实体企业发展经验助力实体经济高质量发展,筑就持续增长力。京东坚守"正道成功"的价值取向,以合规作为立身之本。自创立之初,京东就秉持诚信经营的核心理念,坚守正品行货,成为中国备受消费者信赖的企业;京东坚定"客户为先"的服务理念,大力发展自建物流,打造极致消费体验,成为领先全球的新标杆。与此同时,京东不忘初心,积极履行企业社会责任,在助力实体经济高质量发展、促进高质量就业、带动高质量消费、推动乡村振兴、提升社会效率、推动供给侧结构性改革等方面不断为社会做出贡献。

电子商务人才需求如何？

人生万事须自为，跬步江山即寥廓。

——元　范梈《王氏能远楼》

经济全球化极大促进了全球范围内商业贸易活动的发展，电子商务作为数字经济的一种典型模式，在互联网开放的网络环境下，基于客户端/服务器和云端应用方式，支撑买卖双方借助线上平台进行各种商贸活动，完成消费者的网上购物、商户之间的网上交易和在线电子支付，以及各种商务、贸易交易、金融和相关综合服务活动。

目前我国电子商务拥有庞大的消费群体及先进的互联网技术，这为电子商务发展提供了重要的基础和动力。第49次《中国互联网络发展状况统计报告》显示，10亿的网民和超过70%的网络普及率为电子商务的发展奠定了稳定的基础，网络购物成为居民消费重要渠道，实物商品网上零售额对社会消费品零售总额增长贡献率持续提升,带动电子商务的加快发展。

网经社电子商务研究中心发布的《2020年度中国电子商务人才状况调查报告》显示,处于业务规模扩大、人才需求强烈、招聘工作压力大的企业占比为42.86%。总体来说,电商行业人才需求仍然旺盛,并且有更进一步的迫切需求,如图20所示。

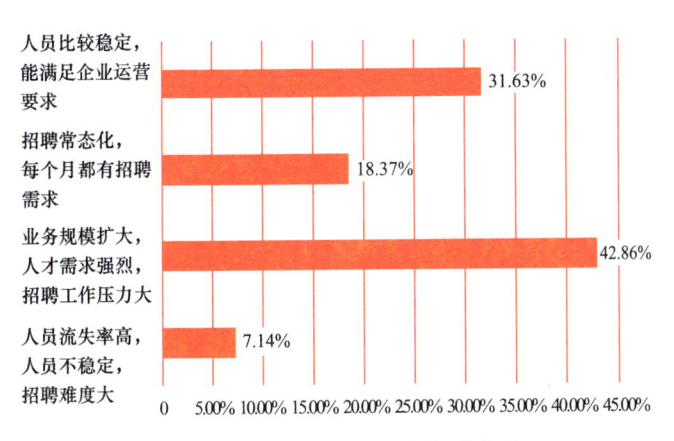

图20　2020年电商企业日常招聘状况

由于电子商务具有良好的发展前景,使得我国很多投资者投入电子商务领域,加剧了电子商务之间的激烈竞争,对电子商务人才的需求缺口也越来越大。随着新型电子商务模式的不断创新,人才需求也更加多元化。

▶▶需求端——人才需求多元化

"互联网+"时代催生了电子商务的飞速发展,电子商务已经成为经济发展的一种新趋势,电子商务人才需

求非常旺盛,并且有更进一步的迫切需求。随着科技的进步与发展,电子商务新模式、新业态不断涌现,对于人才需求也越来越多元化。

➡➡产业——发展急需

从电子商务的产业发展来看,可以分别从国家宏观政策、经济发展需要、网络基础建设三个方面来展开阐述。

✦✦国家宏观政策

从国家宏观政策来看,我国已转向高质量发展阶段,新型工业化、信息化、城镇化、农业现代化快速发展,中等收入群体进一步扩大,电子商务提质扩容需求更加旺盛,与相关产业融合创新空间更加广阔。

电子商务可以促进我国高质量发展,在乡村振兴方面,电子商务能够作为扶贫助农的抓手,有效助力精准扶贫,做到帮扶常态化,带动地方产业快速发展,实现农民增收,在三农工作上发挥了举足轻重的作用。同时,电子商务也能促进中国同世界经济的合作,通过"丝路电商"加快中国电子商务的全球布局,电子商务企业加快出海,带动物流、移动支付等领域实现全球发展。可以加速世界经济数字化转型,加强双边、区域经济合作势头;跨境电商正成为新的爆发点。

✥✥经济发展需要

就经济发展需要而言,电子商务作为数字经济的重要组成部分,对于拉动内需、促进消费,打通国内、国际双循环意义重大。

《规划》提到,"十四五"期间我国的电子商务模式将面临革命性变革。综合性电商与专业性、区域性电商竞争并存,平台型电商与直销型电商共同发展;线下服务体系更加完善,线上、线下壁垒逐步消失;基于大数据的精准电商成为主流,电商与金融服务深度融合;服务型制造走进电商时代,现代服务业融入个性电商;传统企业组织"扁平化",给全民利用电商"创新创业"打开了更加广阔的空间。

《规划》首次建立电子商务发展主要指标体系,由此可以看出国家对电子商务领域的重视和期待,电子商务产业未来可期。"十四五"时期,电子商务将充分发挥联通线上线下、生产消费、城市乡村、国内国际的独特优势,全面践行新发展理念,以新动能推动新发展,成为促进强大国内市场、推动更高水平对外开放、抢占国际竞争制高点、服务构建新发展格局的关键动力。电子商务产业的快速发展,必会产生巨大的人才缺口,因此急需专业的电子商务人才。

《规划》的人才需求非常旺盛:至2025年我国电子商务领域相关从业人数将达到7 000万人;跨境电子商务

交易额增长至 2.5 万亿元人民币(海关数据)。预计到 2025 年,我国电商人才缺口将达 985 万,见表 1。

表 1 "十四五"电子商务发展主要指标

类别	指标名称	2020 年	2025 年
总规模	电子商务交易额(万亿元)	37.2	46
	全国网上零售额(万亿元)	11.8	17
	相关从业人数(万)	6 015	7 000
分领域	工业电子商务普及率(%)	63.0	73
	农村电子商务交易额(万亿元)	1.79	2.8
	跨境电子商务交易额(万亿元)	1.69	2.5

❖❖❖ 网络基础建设

21 世纪是互联网的时代,在科技强国和网络强国战略指导下,我国互联网发展有了巨大的进步,已初步形成"全方位、立体化"网间架构布局。《中国互联网发展报告(2021)》相关数据显示,2020 年,我国云计算整体市场规模达到 1 781.8 亿元,增速为 33.6%;大数据方面增幅领跑全球大数据市场,2020 年我国大数据产业规模达到 718.7 亿元,同比增长 16.0%;人工智能产业规模平稳增长,2020 年我国人工智能产业规模为 3 031 亿元,同比增长 15%,增速略高于全球增速。物联网、虚拟现实、区块链等方面也取得了不错的进步。

目前中国网民规模超 10 亿人,互联网普及率超过

70%,这得益于中国互联网的飞速发展与网络布局,电子商务运行优势日益凸显,用户规模呈阶梯式上升趋势,市场交易额突飞猛进,商业效率成倍递增。随着 5G 技术持续落地应用,各类新型信息技术将与实体经济深度融合,赋能产业升级。国家统计局发布,2021 年全国网上零售额 13.1 万亿元,比上年增长 14.1%;其中,实物商品网上零售额 10.8 万亿元,比上年增长 12.0%,占社会消费品零售总额的比重为 24.5%;在实物商品网上零售额中,吃、穿、用类商品分别增长 17.8%、8.3% 和 12.5%。电子商务规模不断变大、市场交易额突飞猛进、电商消费者数量剧增,这也带来了对电子商务人才的巨大需求。

综上所述,电子商务促进我国经济高质量发展,可以拉动内需、促进消费,能够带动社会经济的转型发展,国家对电子商务产业的发展非常重视和期待,电子商务的市场空间更加宽阔、电子商务的未来必定辉煌。随着电子商务产业的茁壮成长,对于电商人才的需求必然也会日益增长、更加旺盛。

➡➡**行业——需求广泛**

我国电子商务发展虽然只经历了短短二十多年的时间,但已经引领世界,从曾经的跟跑到现在的领跑,中国从电商大国成为电商强国。中国电子商务行业不断发

展、越来越成熟,对电子商务行业的人才也产生了广泛的需求。

❖❖❖电商行业需求多元化

随着科技的进一步发展,电子商务新模式、新业态不断涌现,电子商务不再局限于传统的电商平台,开始向社交电商、直播电商、生鲜电商、生活电商、服务电商发展。电子商务研究中心发布的《2020年度中国电子商务人才状况调查报告》(以下简称《报告》)显示(图21、图22),虽然天猫、淘宝、京东、拼多多等传统平台的占比变化不大,但也可以看出直播电商的发展趋势越来越好。2020年,直播电商发展进一步加速,与2019年相比,上升了17.9%。

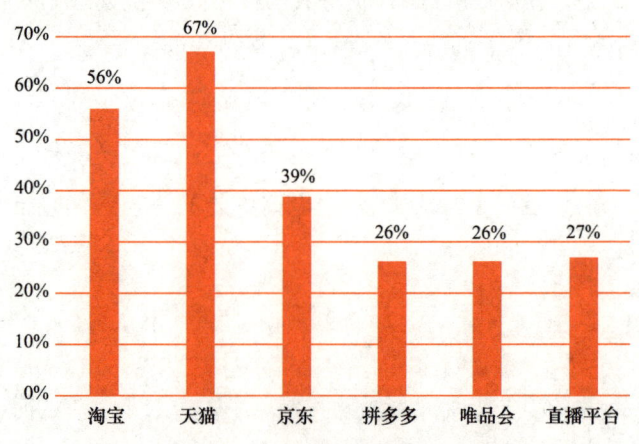

淘宝	56%
天猫	67%
京东	39%
拼多多	26%
唯品会	26%
直播平台	27%

图21 2020年电商使用排名前6的第三方平台

(来源:网经社官网)

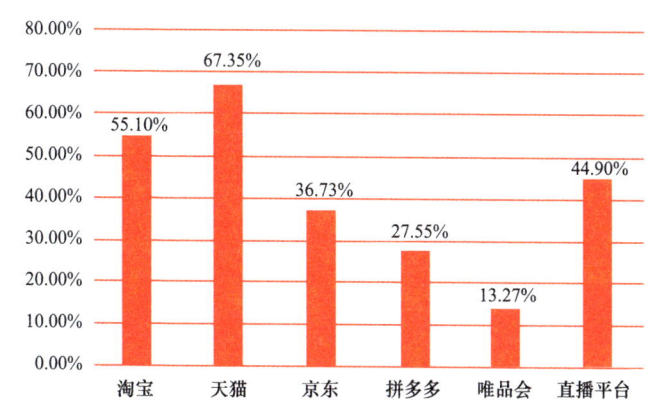

图 22　2020 年电商销售额排名前 6 的平台

（来源：网经社官网）

另外，云计算、大数据、人工智能和虚拟现实等数字技术丰富了电子商务应用场景。5G、大数据、区块链、物联网等先进技术的集成创新和融合应用，实现了电子商务高质量发展。新模式、新业态的不断涌现，导致行业对传统电子商务人才需求依然旺盛的前提下，新型人才的需求又不断提升。

2020 年，各大企业的线下业务受到很大的冲击，为了谋求生存与发展，许多传统企业将目光转向线上渠道，进军电子商务，这使得中国电子商务行业的发展加快，这促使了整个电商行业对电商人才的需求愈加广泛。

面向未来，从传统电子商务到数字产业电子商务，从生产—分配—流通—消费多个环节，新技术、新模式、新业态带来的全产业链、跨行业需要大量的创新型电子商务人才。网经社发布的《报告》数据显示，随着直播电商、

社群电商、服务电商等新型的电商模式的迅速走红,各大电商企业对于直播、新媒体方向的人才需求迅速上升,如图23所示。

近几年,随着科技的进步与发展,电子商务新模式、新业态不断涌现,跨境电商、农村电商飞速发展,专业的电子商务人才需求量增长非常快。

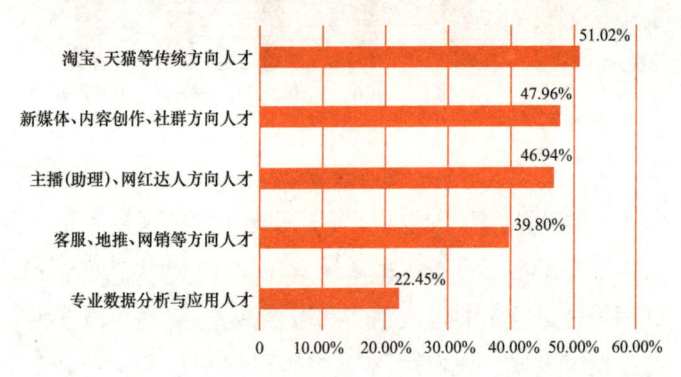

方向	百分比
淘宝、天猫等传统方向人才	51.02%
新媒体、内容创作、社群方向人才	47.96%
主播(助理)、网红达人方向人才	46.94%
客服、地推、网销等方向人才	39.80%
专业数据分析与应用人才	22.45%

图23 2020电商企业人才需求增长数据

❖❖**跨境电子商务人才需求**

跨境电子商务是指分属不同国境的交易主体,通过电子商务平台达成交易、进行支付结算,并通过跨境物流送达商品、完成交易的一种国际商业活动。跨境电子商务将海外产品引入国内市场,或将中国生产的产品出售给其他国家和地区,即进口电子商务、出口电子商务。

《"十四五"电子商务发展规划》中提到,要支持跨境电子商务高水平发展,鼓励电商平台企业全球化经营,培育跨境电子商务配套服务企业,支撑全球产业链、供应链数字化,带动品牌出海,继续推进跨境电子商务综试区建设,探索跨境电子商务交易全流程创新;推动数字领域国际合作走深、走实;深化共建"一带一路"国家电子商务合作,积极发展"丝路电商",推动各国中小企业参与全球贸易,支持数字产业链全球布局,促进全球电子商务供应链一体化发展。

跨境电子商务已经成为我国经济贸易新的增长点。国家对跨境电子商务的支持力度越来越大,在全国各地设立数十个跨境电子商务综试区,用以探索跨境电子商务的创新发展;鼓励大力发展面向全球市场的电子商务营销、支付、物流及技术服务,形成国际化程度较高的国际电子商务服务业。这些举措势必加速推进跨境电子商务的迅猛发展,也催生出对于跨境电子商务人才巨大的需求。

《2020年度中国电子商务人才状况调查报告》显示,当前电子商务行业的人才需求存在巨大缺口。特别是熟悉跨境支付、跨国管理知识、国际物流、国际贸易等知识的专业的跨境电商人才,更为稀缺。《区域全面经济伙伴关系协定》(RCEP)于2022年1月1日开始生效,这给跨境电商人才发展提供了新机遇。

通过对招聘网站跨境电商岗位的需求进行深入调研,目前跨境电商人才岗位需求量大的主要有:跨境电商运营专员、跨境电商客服、跨境电商物流专员、跨境电商美工等。从总体上说,跨境电商人才市场需求旺盛,但供

给不足；当前电子商务人才现状无法满足跨境电子商务行业的需求。

❖❖❖农村电子商务人才需求

农村电子商务通过网络平台嫁接各种服务于农村的资源，拓展农村信息服务业务、服务领域，使之兼而成为遍布县、镇、村的"三农"信息服务站。作为农村电子商务平台的实体终端，直接扎根于农村，服务于"三农"，真正使"三农"服务落地，使农民成为平台的最大受益者。

电子商务助力乡村振兴。乡村振兴战略是我国新时代"三农"工作的总抓手，电子商务一直是振兴乡村的活跃力量，是服务"三农"的好帮手。2020年，电商凭借有效的渠道、海量的数据、丰富的场景，在畅通流通、兴业带产、促进增收等方面不断发挥积极的作用。党中央、国务院发布的2022年中央一号文件，聚焦全面推进乡村振兴，对做好新时代、新阶段的"三农"工作进行部署，其中将农村电商作为乡村发展的重点产业。《"十四五"电子商务发展规划》中也提到，要培育农业农村产业新业态，推动直播电商、短视频电商等电子商务新模式向农村普及，推动农村电商与数字乡村衔接。

高速发展的互联网信息技术给电商发展提供了肥沃的土壤，农村拥有潜力较大、数量极多的客户群。农村凭借人群优势，其消费增长幅度远超城市，消费格局不断扩大。随着5G时代的到来，互联网广泛覆盖到广大农村地区，越来越多的农村人口接触网络、适应网络，开始习惯并倾向于网络购物,这将是一个庞大无比的、极具潜力的电商市场,农村将会成为电子商务行业的一个新的发展方向。

在国家政策的大力支持和农村消费格局的不断提高下,农村电商发展的前景是非常值得期待的,但农村电商领域的人才却非常缺乏。随着"乡村振兴"战略、"数商兴农"行动的不断推进,国家正在大力探索与支持农村电商的发展,通过发展农村电商进一步吸纳更多农民工等人员返乡创业就业,加快推进美丽乡村的建设。

"三农"工作历来是国家最重视的一项工作。农村电商作为一个新兴的电商模式,能够很好地服务于"三农"工作,助力乡村振兴。未来国家对农村电商的支持力度只会越来越大,这是一个非常好的趋势。新兴的农村电商刚开始起步,对于各方面的探索还在不断成熟,对于农村电商的发展正在不断推进。中国农业大学智慧电商研究院发布的《2020中国农村电商人才现状与发展报告》预计,2025年,农产品上行电商人才需求缺口将达350万人。可以预见,未来农村电商人才缺口会越来越大,国家对农村电商人才求贤若渴。

➡➡**企业——需求巨大**

电子商务改变了每个人的生活方式,尤其是消费行为;疫情的出现加速了这一进程。消费者更愿意通过电子商务平台购物,令其使用率再度大幅提高。当消费者

们无法外出、不能线下消费时,互联网给了人们希望,越来越多的消费者开始在网上消费,满足自己的消费需求。

❖❖❖ 电商企业发展迅速

目前,电子商务平台成为消费者购买食物、家庭用品、口罩或其他抗疫物品等必需品不可或缺的平台。或迫于生存压力,或因为新的商机,越来越多的企业意识到电子商务的巨大潜力,纷纷将目光转向电子商务,开拓线上业务,甚至食品行业也改变了营销策略,由零售商店转至网上平台。

如今,中国的电子商务犹如一个充满朝气的青年,正在快速的成长,中国已经成为全球规模最大、发展速度最快的电子商务市场。"十三五"期间,网上零售额突破10万亿元。近年来,我国电子商务持续保持快速发展势头,新模式、新业态层出不穷,新技术应用日益深入,电商企业犹如雨后春笋般不断涌现。

❖❖❖ 电商企业人才欠缺

随着电商企业的不断发展,传统运营推广方式成本高、效果差的弊端越来越突出,为了突破瓶颈,很多企业采用了全渠道、全网络、多模式的运营模式,这势必让电商企业对电子商务人才产生了巨大的需求。网经社发布的《2020年度中国电子商务人才状况调查报告》(以下简称《报告》)显示,在电子商务领域,电商企业人才缺口依然巨大,企业招聘需求强烈。八成电商企业存在人才缺口,近四成企业有大规模招聘计划。

《报告》显示,电商企业在团队人才方面的问题变得越来越突出,已经连续3年上升,和2019年相比,该比例又上升了7.45%。电商企业在未来一年预计招聘需求方面,绝大部分电商企业都会有大规模的招聘计划,想要大量招聘电商人才。这充分说明,电商企业对电商人才的需求将日益加剧。

通过对58同城、智联招聘等招聘网站进行岗位数据采集,对各大电商企业的岗位需求数据进行统计,得到如下数据:电商企业对电商运营岗位的需求最大,跨境电商、电商客服、电商美工等岗位紧随其后。由此可知,电商企业对传统运营人才的需求依旧很大;同时,随着直播电商的迅速发展,电商主播(助理)、网红达人方向人才需求正在迅速增长,如图24所示。

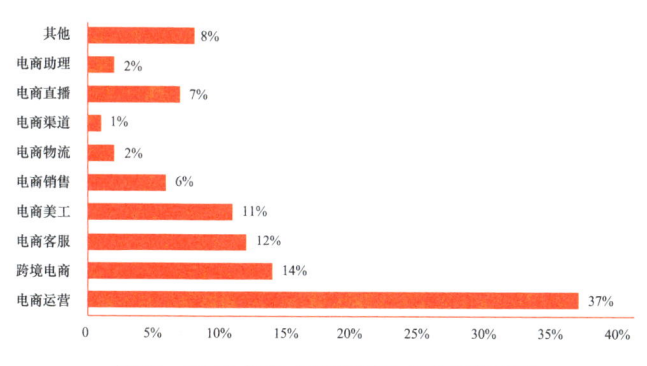

其他	8%
电商助理	2%
电商直播	7%
电商渠道	1%
电商物流	2%
电商销售	6%
电商美工	11%
电商客服	12%
跨境电商	14%
电商运营	37%

图24 2022年各大招聘网站电商岗位需求

电子商务企业发展迅速,对复合型电商人才需求愈

加旺盛。如今,我国电商行业以阿里巴巴、京东、拼多多电商三巨头为首的格局已大致形成。以阿里巴巴为首的电商企业已经率先踏上电商多重模式的转型之路。其旗下业务多元化越来越强,核心业务范围早已不局限于线上购物平台的运营,不再集中于网络零售以及批发商业,而是向多个业务分支分散,以零售批发为主,物流服务、本地生活服务等其他多重业务同步发展。(表2)

表2 典型电子商务需求岗位和岗位职责

需求岗位	岗位职责
电商运营	(1)负责电商平台店铺产品的发布和内容编辑; (2)定期分析产品流量数据,调整产品销售策略,能针对性地参加活动并进行产品推广和引流; (3)为客户提供专业的咨询服务,了解并开发客户需求
电商客服	(1)与客户进行良好沟通,及时有效地回复客户邮件; (2)妥善解决纠纷,提高客户满意度及账户好评率,搜集和统计客户相关数据,参与客户服务满意提升的策划和推广; (3)对客户提出的产品问题进行统计与汇总,订单产品的标发与物流信息的跟进
电商美工	(1)通常负责店铺装修与产品图片的处理; (2)店铺视频的拍摄与制作,并熟悉跨境平台相关设计需求
电商物流	通常负责处理跨境平台订单,能够组合最优物流渠道,跟进物流数据,调拨海外仓

从这些电商巨头的发展方向可以预见未来电商行业的一个发展方向,从而也可以预测未来各大电商企业对

于电商人才的需求变化。

▶▶供给侧——人才供不应求

从人才的供给侧看,当前电商人才供给出现人才总量供不应求、人才结构有待优化的特点,远远无法满足对人才的需求。高校人才培养作为人才供给不可或缺的一环,在人才供给中占举足轻重的地位,绝大部分人才供给都是来自高校人才培养,因此下面主要从高校人才培养的角度探索供给侧人才供不应求的现象。

➡➡总量——供给不足

想要确切了解电子商务人才的需求状况,不仅要从需求侧去了解,从供给侧深入了解电商人才的供给问题,也能帮助我们更加清晰地认识到当前电子商务人才的需求状况。

电子商务作为一个新兴行业,想要不断发展,就需要专业人才的不断供给。随着我国电商规模的不断扩大,行业新业态的不断创新,经营模式的不断增多,人才供给不足问题逐渐暴露出来。因此,从供给侧对人才进行考虑,了解人才供给方出现的问题与难点,通过供给侧结构性改革,以培养出市场所需要的人才,满足社会发展的需求,避免人才需求与人才供给出现矛盾。

✦✦专业人才供给不足

目前,中小电商企业对人才的需求与人才的供应之

间存在着一定的矛盾。高校毕业生是当前人才供给的主要源头之一,虽然国内不少院校都开设了电子商务专业,但是相较于其他专业,电子商务专业的开设时间不长,人才培养不足,因此系统掌握电商知识的高校学生满足不了市场,能够对外供给的专业人才远远不足。另外,电子商务行业是一个新兴的行业,与传统行业相比,对人才的吸引力不够,大部分电子商务专业的毕业生在就业选择的时候,因为对电子商务行业的不够了解、对新兴行业未来风险的不确定等原因,他们会更倾向于选择其他行业。

同时,当前电商行业还体现出人才流动过于频繁的问题。由于当下电子商务人才需求缺口较大,加上互联网行业发展迅速,导致电子商务相关人才流动率明显高于其他行业,跳槽率高,人才流动过于频繁,导致许多电子商务企业在人才培养上不敢加大投入,陷入"不敢投、不想培、留不住、招不到"的用人怪圈,这样的恶性循环加剧了电商专业人才的供给不足。

❖❖❖ 人才无法满足需求

因为高校毕业生刚走出学校大门,沟通与协调能力还有待提高,实践能力也比较弱,不能满足企业对电商人才的需求。近些年来,电子商务行业发展迅速,电商企业对人才的需求越来越多元化,已经不仅仅局限在一些传统的电商运营人才上;企业对其他方向的人才需求正在逐步上升,例如新媒体、内容创作、社群方向人才,主播、网红达人方向人才,地推、网销等方向人才,核心技术人才,专业数据分析与应用人才等。相较之下,当前各高校的电商人才供给还无法满足企业日新月异的招聘需求。

总体而言,当下的电商人才供给严重不足,人才供给远远无法满足飞速发展的电商行业的需求。

➡➡人才结构

电子商务得到快速发展,对电商人才的需求越来越大,人才的供给也越来越急迫。电商人才供给除了总体供给不足之外,还体现出人才供给结构失衡,有待优化的问题。

从供给侧的角度出发,通过分析供给侧结构,找出存在的问题,及时调整、优化供给侧结构,可以实现人才的有效和中高端供给,以更好地满足对人才的需求。人才供给是以市场为导向,培养出市场所需要的人才,满足社会发展的需求,防止人才需求与人才供给出现矛盾。

在我国,高校人才供给是整个人才供给链中最为重要的一环,高校的人才输出占据了全部人才供给的绝大部分。换言之,就是绝大多数的人才都是来源于高校的培养与输出。所以,下面主要通过对高校人才培养的不同层次来介绍电商人才供给结构有待优化的现状。

✥✥电子商务基础思维

电子商务基础思维主要是指对于电子商务学科的知识体系、能力培养、跨学科思维能力。目前许多高校的电子商务专业建设时间较短,还处于发展成熟阶段。既拥

有丰富实践经验又拥有专业素养和理论知识的电子商务专业老师明显不够，部分担任电商专业教学任务的老师是由其他专业转型而来，有的教师对电商专业的实践知识掌握不够熟悉，引导学生参与电商实践、大赛、创业的能力还需加强。

高校对学生进行电子商务知识传播、就业引导等方面的服务能力需要提高。电子商务原理等基础课程，本该有益于学生了解电子商务、爱上电子商务，奠定电子商务知识体系的根基，可因为有些高校电商专业发展时间较短、电子商务专业教师不被重视、专业教师不够等各种原因，使得电子商务专业学生的电子商务基础思维没有牢固地树立。

❖❖电子商务核心知识

电子商务专业是一个典型的交叉复合型专业，不只是电子商务行业，其他行业也能用得上电子商务专业的人才，因而电子商务专业的知识结构要求宽而广，涉及多个方面的知识领域、学科知识。

电子商务技术类课程：电子商务系统设计技术、电子商务平台开发技术、电子商务数据处理技术等，以培养学生的技术开发能力；电子商务经济类课程：电子商务经济学、跨境电子商务、网络金融、互联网经济等，培养经济分析能力；电子商务管理类课程：生产运营管理、物流与供应链管理、营销与客户管理等，培养管理运营能力；电子商务政策与法规课程：电子商务监管政策、电子商务法律法规、电子商务标准规范等,了解国家政策、培养全局把握能力。

为了突出电商专业自身的适应性、多能性,许多高校在设定电子商务专业人才培养目标时,既要一种求全的思维,又要力求学生掌握所有方面的知识,这样专业人才培养与行业发展融会贯通,做到培养即用。

✣✣电子商务综合素养

电子商务专业是一门综合性、应用性极强的专业,对电子商务人才的应用拓展能力的培养也很重要。多数高校加强了实践课程及实训环节。

电商企业需要的人才要全面掌握电商系统知识及策略,有良好的综合素养,有一定的实践经验。除了课堂讲授以外,还需要进一步的电子商务案例分析、电子商务综合训练、电子商务写作分析、电子商务创业训练等实践课程的开设,提升学生的自主学习能力和综合实践能力。

目前,很多学校建立了电子商务实验室并配备了相关系统实用软件,并且与企业、行业深度合作,由于有了操作性较强的实训课程和实训基地,学生能学以致用,具备了电子商务的实战经验。同时紧跟行业发展,人才供给与企业实际用人需求紧密相连。

由此可知,就人才供给侧而言,表现出总体供给不足、供给结构失衡的问题。供给侧人才供给不足、需求端需求不断提升,电子商务对于人才的需求正不断扩大,电子商务专业的前景一片大好。

▶▶为什么选择电子商务专业？

电子商务专业是普通高等学校本科专业，属于电子商务类专业。它是一个管理学、经济学、计算机技术等多学科交叉融合的专业。该专业的培养涉及管理、经济、计算机、电子商务等多方面学科知识，电子商务专业的学生能够从事电商平台运营、网站编辑与网页美工等技术型岗位，也可以服务于网络营销、物流管理、电商平台运营等管理型岗位。电子商务专业是一个应用型、复合型的专业，电子商务专业的学生毕业之后的就业范围也特别广，学生能够选择自己感兴趣的行业，从事自己感兴趣的岗位。

高考志愿是广大高三学子面临的一个重大的抉择点，志愿的填报关乎着学生的未来学业、就业发展和人生方向。每当填报志愿时，家长和孩子都会一起选择大学的学校、专业，以求能够有一个更好的发展未来。那么，为什么要选择电子商务专业呢？因为电子商务专业有着众多优势，可以满足学生的期望、能够消除家长的顾虑。电子商务专业可以为学生展现出一个全新的世界。

➡➡符合家长的观念

"考个好大学，选个好专业，找个好工作"。家长都希望自己的孩子能够上一个好大学、读一个好专业，能够在未来的生活里过得更好。相信很多家长朋友在帮助自己的孩子挑选心仪的专业时,这个专业好不好就业呀、这个专业前景怎么样呀、这个专业工作薪酬高不高呀等问题总是会浮现在脑海里。各位家长的这些顾虑,电子商务专业都能给大家一个很好的答案。数据显示,许多家长朋友在对各大专业的就业问题的查询中,电子商务专业位列第一名,如图25所示。21世纪,通过互联网从事商务活动的电子商务顺应时代潮流兴起。选择了电子商务专业就等于抓住了机遇,适应了时代的步伐。

就业问题提问最多十大专业	
Top 1	电子商务专业
Top 2	工商管理专业
Top 3	市场营销专业
Top 4	物流管理专业
Top 5	汉语言文学专业
Top 6	行政管理专业
Top 7	旅游管理专业
Top 8	药学专业
Top 9	经济学专业
Top 10	财务管理专业

图25　2020年大学专业"就业问题"搜索排名

数据来源:百度搜索大数据

电子商务是一个非常好就业的专业。电子商务的人才需求特别大,就业很容易。《"十四五"电子商务发展规划》的相关数据显示,2020年我国电子商务领域相关从业人员有6 105万,到2025年我国电子商务领域相关从业人数将达到7 000万。该数据表明,未来几年,预计我

国电商人才缺口达985万。2020年,电子商务异军突起,成为消费者消费不可或缺的平台。越来越多的企业意识到电子商务的巨大潜力,纷纷将目光转向电子商务,开拓线上业务。商业查询平台天眼查、互联网人职业成长平台拉勾网等发布的数据显示,在疫情期间,电商新增企业数同比增长69%,56%以上企业处于招聘常态化或人才需求强烈的状态,有大规模招聘计划的电商企业人才缺口依然巨大。例如,在长三角、珠三角、粤港澳大湾区和京津冀等区域,互联网和电子商务企业聚集,学生毕业后在互联网和电商企业非常好就业。

  电子商务是一个非常有发展前景的专业。电子商务没有了时间、空间和人为条件上的限制,人们的生活和工作将变得更加方便、灵活和自如,信息渠道更宽,信息传输更快。电子商务以其惊人的速度和普及率迅速席卷全球,成为一个举足轻重的新兴行业。随着电子商务的普及,市场的需求与专业人才的比例严重失调,对电子商务的人才需求将大幅度提高,因此电子商务专业的毕业生将有着广泛的就业机会和发展前景。

  随着互联网和电子商务行业的快速发展,与电子商务专业相关的新职业和新岗位层出不穷,电子商务专业的毕业生可以进入许多行业、从事很多工作:

  进入政府部门从事电子政务类工作,如信息处理、网络管理与政府网站维护;

进入互联网和电子商务企业,从事电商运营、电商客服、电商助理等传统电商岗位;

从事网页设计师、网站维护工程师、数据库管理员等电子商务技术类岗位;

从事电子商务衍生出的物流、营销、支付等电子商务相关服务行业;

进入金融业、制造业、零售业、农业、教育业等各种传统行业的信息技术和电子商务相关部门。

➡➡契合学生的想法

"00后"这一代更加开放、独立,"00后"们追求个性化发展,乐于接触新鲜事物。生活在新时代的高考生,对于大学专业的关注也"颠覆"传统。新时代的高考生在选择专业时,不再是以好就业为唯一目标,他们有着自己独特的想法,他们更乐于选择新兴潮流的专业,想去自己感兴趣的专业。

百度搜索大数据显示,2020年十大热搜专业依次为人工智能、机器人工程、电子商务、物联网工程、大数据技术、网络与新媒体、网络空间安全、软件工程、学前教育和临床医学,各类"科技范儿"十足的新兴专业更受热议和追捧,如图26所示。

2020年十大热搜专业

Top 1	人工智能
Top 2	机器人工程
Top 3	电子商务
Top 4	物联网工程
Top 5	大数据技术
Top 6	网络与新媒体
Top 7	网络空间安全
Top 8	软件工程
Top 9	学前教育
Top 10	临床医学

图 26　2020 年十大热搜专业

(来源:百度搜索大数据)

电子商务是一个所涉颇多的专业。电子商务专业并不是大家固有印象里那样,就是学怎么开淘宝店的。作为一个经济、管理、信息技术多学科交叉融合的专业,电子商务专业所学的知识很多,所涉及的范围很广,能够满足选择电子商务专业学生的想法,使其选择自己感兴趣的方向。

有的学生喜欢经济类,电子商务专业开设电子商务经济学、网络经济学、互联网金融等课程;

有的学生喜欢管理类,电子商务专业开设物流与供应链管理、营销与客户管理等课程;

有的学生喜欢研究技术,电子商务专业开设电子商务系统设计技术、电子商务平台开发技术、电子商务数据处理技术等课程;

电子商务专业的培养目标是培养出具备现代管理、信息经济理念和互联网创新创业素质,掌握信息技术和电子商务服务综合技能,能适应现代社会商务运营、专业管理和技术服务需要的复合型、应用型、创新型专业人才。选择电子商务专业,你能拥有更全面的知识领域、开拓更开阔的视角,能够更好地适应未来的时代发展,成为一个你想成为的专业人才。电子商务专业课程,见表3。

表3 电子商务专业课程

专业基础课程	专业核心课程	专业前沿课程
电子商务经济	电子商务原理	跨境电子商务
电子商务管理	电子商务案例分析	移动电子商务
电子商务信息技术	电子商务项目策划与管理	农村电子商务
电子商务物流管理	电子商务产品设计	电子商务金融
电子商务大数据	电子商务系统开发	电子商务数字经济
		电子商务创新

电子商务是一个科技范儿十足的专业。电子商务的产生和发展始终离不开互联网、计算机等相关技术的发展。从早期的电子数据交换技术,到互联网技术,再到移动通信技术,以及近年来涌现的大数据、云计算、物联网、人工智能、区块链、虚拟现实等新兴技术,科学技术的进步在不断促使电子商务诞生新业态、新模式。顺应时代发展而兴起的电子商务专业,也与大数据、云计算、物联网、人工智能、区块链、虚拟现实等新兴技术密不可分。在电子商务专业你能了解到很多新技术、新概念;也能更

深入地了解和认识到当下以及未来的很多"热门":各大网红的直播带货为什么能够迅速火爆?抖音、快手等短视频平台内容电商为什么能够吸引巨大流量?社区电商为什么越来越火,吸引众多互联网企业布局?

为什么要选择电子商务专业呢?因为电子商务专业好就业、发展前景好;因为电子商务专业包含众多内容、科技范儿十足。电子商务专业符合家长与考生在挑选专业时考虑的条件,可以满足学生的期望,能够消除家长的顾虑。电子商务可以成为学生未来人生发展路上的一大助力。

拓展阅读

万物皆可播:直播背后的巨大人才需求

新时代,万物皆可播。2020年,线下消费渠道受到严重影响,直播带货成为助力线上消费的重要渠道。各大平台、各大企业都紧跟风口,借助直播电商的热度,争取自己的立足之地。不少企业老板甚至政府官员都亲自直播带货,越来越多的人涌入电商直播行业。直播带货已经成为电子商务一种新的发展趋势。

在短时间内,直播行业以井喷之势迅速崛起,许多企业对于直播电商人才的需求剧增。2021年5月,网经社发布的《2020年度中国电子商务人才状况调查报告》显示,主播、网红已经位列企业最急需电商人才的前三,超过三成电商企业存在人才缺口,需要直播电商人才。智联招聘发布的《2020年春季直播产业人才报告》显示,受疫情影响,企业整体招聘职位数与招聘人数分别同比下行31.43%和28.12%;但在此背景下,针对直播相关岗位的招聘职位数却在一个月内同比上涨83.95%,直播行业招聘需求同比上涨1.3倍。除了大家熟悉的主播之外,客服、直播内容策划、主播助理等后台工作人才也非常缺乏。

一方面,电子商务全面融入国民经济各领域,推动形成全球协作的国际电子商务大市场,成为经济增长和新旧动能转换的关键动力;另一方面,电子商务要全面覆盖社会发展各领域,电子商务带动教育、医疗、文化、旅游等社会事业创新发展,成为促进就业、改善民生、惠及城乡的重要平台。

电子商务专业要学什么？

惟诚心待人，人自怀服；任术御物，物终不亲。

——《新安歙北许氏东支世谱》

根据《普通高等学校本科专业目录》(2022年版)，电子商务专业类的代码为1208，所含专业的名称及代码：电子商务(120801)；电子商务及法律(120802T)；跨境电子商务(120803T)。其中的"T"表示特设专业。三个专业的修学年限均为4年。其中，电子商务专业可授予管理学或经济学或工学学士学位；电子商务及法律和跨境电子商务两个专业授予管理学学位。

按照《电子商务类教学质量国家标准》中的培养目标，电子商务专业培养具备现代管理和信息经济理念，掌握信息技术和电子服务综合技能，具有扎实的专业基础和良好知识结构，具备一定的互联网创新创业素质，能适应现代社会商务运营、专业管理和技术服务需要的复合型、应用型、创新型专业人才。

▶▶专业基础课程——构建复合型知识结构

从知识结构的角度来看,电子商务是一个复合型很强的专业。学生的学习内容涉及经济、管理、工程技术和法律等知识领域。

➡➡电子商务经济

按照《电子商务类教学质量国家标准》,本部分学习内容属于"电子商务基础"知识领域。

电子商务经济是将电子商务市场或在线市场作为研究对象而形成的一门新兴经济学分支学科,是将电子商务作为一个整体生产要素来考虑的经济研究。电子商务经济的研究对象包括需求、供给、产品、市场、资本市场、政府管制和商业模式等。这部分学习内容的逻辑框架如图 27 所示。

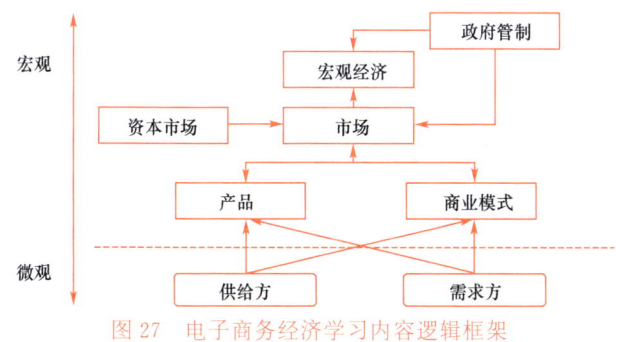

图 27　电子商务经济学习内容逻辑框架

学习内容包括：

电子商务需求。包括电子商务需求的经济特征、数字产品需求、价格离散与搜寻。

电子商务产品与供给。包括电子商务产品特征、电子商务产品定价、电子商务产品的标准与兼容性、电子商务产品供应商。

电子商务市场。包括电子商务市场特征、电子商务市场效率、电子商务环境中的竞争、电子商务环境中的垄断。

电子商务资本市场与网络支付。包括企业融资方式、电商信贷、虚拟货币、网络支付。

电子商务宏观经济。包括对生产率的影响、技术创新与产业结构、对总供给和总需求的影响、对就业的影响、国际贸易。

电子商务政府管制。包括电子商务税收、电子商务中的知识产权保护、政府监管、电子商务推动。

➡➡电子商务管理

按照《电子商务类教学质量国家标准》，本部分学习内容属于"电子商务基础"知识领域。

电子商务管理是指利用计算机、网络、通信等信息技术，通过计划、组织、领导、控制等基本功能，妥善安排电子商务活动中的财务、营销、人事、生产物料、机器设备及技术等有限资源，使企业得到更有效率的产出。

本部分学习内容的逻辑框架如图28所示。

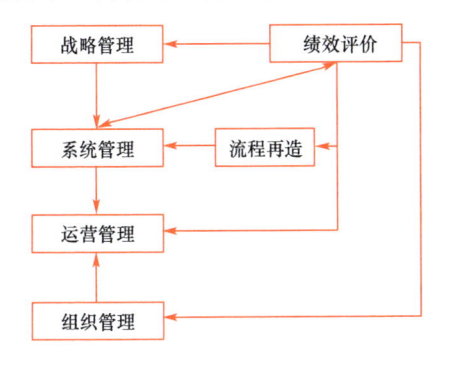

图28 电子商务管理学习内容的逻辑框架

学习内容包括：

组织管理。电子商务组织是电子商务经营活动中的动态组合活动过程，是电子商务企业经营活动过程中的一种管理结构。本部分内容包括电子商务组织要素、电子商务组织原则、电子商务组织思想和电子商务组织形态。

运营管理。电子商务运营管理是指为了提升电子商务在线交易和降低交易成本而进行的经营管理活动。本部分内容包括建店、选品、营销推广、客服与客户关系管理和数据分析。

系统管理。电子商务的系统管理涉及信息流、物流和资金流，因此，本部分的内容包括信息流管理、物流管理、资金流管理和流程再造。

战略管理。电子商务战略指的是一个组织如何发展电子商务及如何在电子商务竞争中取得竞争优势的谋划

和行动。本部分内容包括概述、战略分析、战略模式与规划、战略实施和战略评估与控制。

绩效评价。绩效评价是指电子商务组织依照预先确定的标准和一定的评价程序,运用科学的评价方法,按照评价的内容和标准对电子商务系统的工作能力、工作业绩进行考核和评价。本部分内容包括评价目标与要素、评价指标体系和评价方法。

➡➡电子商务信息技术基础

按照《电子商务类教学质量国家标准》,本部分内容属于"电子商务基础"知识领域。

作为电子商务的基础,本部分以计算机应用为导向,介绍计算机的基础概念、原理、方法和技术,并引出计算机新技术和计算机发展趋势。根据不断涌现的电子商务的信息技术应用需求,介绍信息技术的新技术和主流应用。电子商务信息技术基础学习内容的逻辑框架如图29所示。

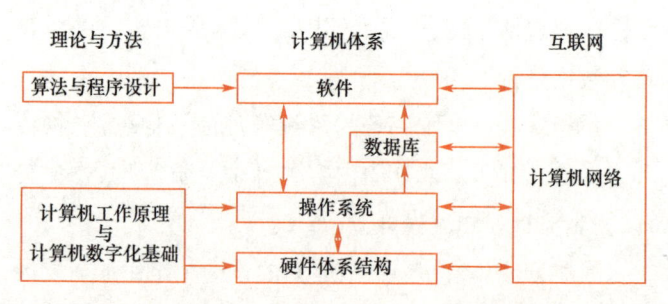

图29 电子商务信息技术基础学习内容的逻辑框架

学习内容包括：

计算机工作原理。按照冯·诺依曼计算机模型，计算机工作的过程要有工作步骤、数据的输入和存储、工作结果的输出和整个工作过程的调度控制。本部分学习内容包括指令和指令系统、程序自动控制和以运算器为核心的计算实现。

计算机数字化基础。本部分介绍计算机的符号化规则和形式化方法，以使得我们可以在自然方式与计算机的二进制之间进行转换。内容包括数制与转换、二进制数值表示与计算、字符信息编码与标准交换、多媒体信息编码、条形码与射频识别（RFID）和信息标准化。

硬件体系结构。硬件是构成计算机的物理部件，是计算机的物质基础。本部分介绍基于冯·诺依曼计算结构的计算机的总体结构，具体内容包括冯·诺依曼计算机模型、计算机的基本组成、中央处理器、数据总线、存储体系、外部设备和通信接口。

操作系统。操作系统的核心是调度和使用计算机的软、硬件资源。同时为了让应用程序运行起来，操作系统需要提供数据存储管理和程序运行管理等多种服务。本部分的具体内容包括操作系统的主要特征、数据存储与文件管理、物理内存与虚拟内存、程序运行管理和主流操作系统。

数据库。数据库是按照数据结构来组织、存储和管理数据的仓库，是一个长期存储在计算机内的、有组织

的、可共享的、统一管理的、大量数据的集合。数据库技术和系统因其坚实的理论基础、众多成熟的商业产品和日益广泛的应用前景,已成为计算机数据处理与信息化基础设施的核心。本部分内容包括数据库管理技术发展历程、数据库的体系结构与数据模型、数据库管理系统的基本功能、数据库设计、结构化查询语言、数据仓库与数据挖掘。

算法与程序设计。算法是计算机求解问题的有限步骤,算法的实现需要程序设计。程序设计是给出解决特定问题程序的过程,是软件构造活动中的重要组成部分。本部分内容一般包括算法概念、典型算法、数据结构和程序设计。

软件。软件是指与计算机系统操作有关的计算机程序、规程、规则,以及可能有的文档及数据。本部分主要介绍软件的概念与典型应用软件的使用。

计算机网络。计算机网络是指将地理位置不同的、具有独立功能的多台计算机及其外部设备,通过通信线路连接起来,实现资源共享和信息传递的计算机系统。本部分内容包括计算机网络构成、Internet 及其应用、云计算服务、物联网、网络协议体系、网络设备、网络安全。

➡➡ **电子商务物流技术**

按照《电子商务类教学质量国家标准》,本部分内容属于"电子商务工程"知识领域。

电子商务物流技术，指通过动态的管理方法，利用现代化的机械设备和信息系统，完成电子商务物流作业的全部技术。

本部分内容旨在培养学生系统地掌握现代物流的基础知识和基本技能，让学生了解物流职场，并具备一定的实际运用能力，为后续专业核心课程的学习奠定扎实的基础。电子商务物流技术学习内容的逻辑框架如图 30 所示。

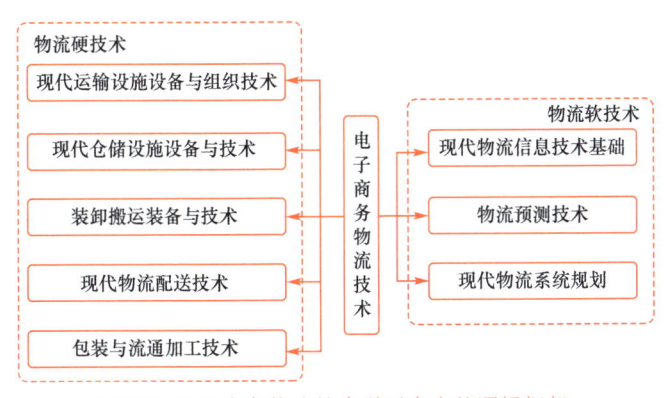

图 30 电子商务物流技术学习内容的逻辑框架

学习内容包括：

电子商务物流技术概述。本部分对物流概念的形成及演变、物流的构成要素及作用、现代物流的主要发展趋势、物流要素及分类、物流技术概念及分类等基本问题进行简要阐述。学习内容包括现代物流概述、物流系统概述以及物流技术概述。

现代运输设施设备与组织技术。本部分首先介绍了

交通运输的概念，其次对铁路运输、公路运输、水路运输、航空运输、集装箱运输与多式联运进行了系统性阐述。本部分的学习内容包括交通运输概述、铁路运输、公路运输、水路运输、航空运输以及集装箱运输与多式联运。

现代仓储设施设备与技术。本部分主要介绍仓储设备和库存管理技术两个方面的内容。学习内容包括仓库、货架、货箱与托盘、输送与分拣设备和库存管理技术概述。

装卸搬运装备与技术。装卸搬运是物流各个环节之间起衔接作用的活动，本部分介绍如何合理装卸搬运、装卸搬运设备和装卸作业优化方法。内容包括合理装卸搬运、电商仓库装卸搬运设备的识别与选择、电商物流运输方式与设备和运输合理化。

现代物流配送技术。本部分介绍物流配送中心的类型、功能及其基本流程，阐述每个过程的管理和决策。内容包括电子商务物流配送概述、电子商务物流配送中心拣选、电子商务物流配送中心规划与选址和终端配送方式的选择。

包装与流通加工技术。本部分简要介绍包装与流通加工的基本技术问题。学习内容包括包装和流通加工。

现代物流信息技术基础。本部分介绍电子商务物流信息技术，以及电子商务中常用的物流技术在实践中的应用。学习内容包括条码技术、射频识别技术与电子数据交换技术、全球定位系统和地理信息系统。

物流预测技术。本部分介绍预测的意义及其原理，讨论物流预测的方法、结果处理与注意事项。学习内容包括物流预测概述、物流预测方法以及物流预测的结果处理与注意事项。

现代物流系统规划。本部分首先对物流系统和物流系统规划的基础知识进行介绍,其次重点阐述区域物流系统规划、企业物流系统规划的概念及相关技术。学习内容包括物流系统概述、物流系统规划概述、区域物流系统规划和企业物流系统规划。

➡➡电子商务法律

按照《电子商务类教学质量国家标准》,本部分内容属于"电子商务综合"知识领域。

电子商务法律是指调整电子商务活动中所产生的社会关系的法律规范的总称。对电子商务法律法规的正确认识,是继续推进电子商务规范化,促进社会经济发展的重要要求。

学习内容包括:

电子商务法律法规概述。内容包括电子商务概念、电子商务法的一般原理、电子商务的立法概况。

电子商务主体法律制度。内容包括电子商务主体概述、网站设立法律制度、网上商店的认定。

电子合同法律制度。内容包括电子合同概述、电子合同的订立、电子合同的效力和电子合同的履行。

电子签名和电子认证法律制度。内容包括电子签名

概述、数字签名和电子认证法律制度。

电子支付法律制度。 内容包括电子支付概述、电子支付的相关法律问题、中国电子支付立法概况和国外电子支付立法。

电子商务税收法律制度。 内容包括电子商务税收概述、电子商务发展对我国现行税法的影响、世界各国对电子商务涉税问题的对策和我国电子商务税收的法律对策。

电子商务中的知识产权法律制度。 内容包括知识产权与知识产权法概述、电子商务中著作权的法律保护、电子商务中商标权的法律保护、域名的法律保护和电子商务中专利权的法律保护。

电子商务市场秩序的法律规定。 内容包括电子商务主体的市场准入、电子商务反不正当竞争的法律规定、电子商务领域反垄断的法律规定和电子商务领域的消费者权益保护。

电子商务安全法律制度。 内容包括电子商务安全概述、电子商务安全法律制度和网络安全法律规定。

电子商务争议解决机制。 内容包括电子商务争议管辖权的国际规则、我国电子商务争议管辖权的法律制度和电子商务有关主体的法律责任。

▶▶专业核心课程——形成专业核心能力

核心能力是指让学生在竞争中处于优势地位的能力。在电子商务市场竞争过程中,学生需要在懂得电子商务原理的基础上，分析电子商务案例，策划与管理电子商务项目，并设计和开发电子商务运营支撑的产品和相关系统。因此，本部分包括5门课程：电子商务原理、电子商务案例分析、电子商务项目策划与管理、电子商务产品设计和电子商务系统开发。

➡➡**电子商务原理**

按照《电子商务类教学质量国家标准》，本部分内容属于"电子商务综合"知识领域。

本部分学习内容是电子商务专业的一门重要基础性课程。本课程系统描述电子商务模式、技术基础、安全体系、法律法规等知识。在此基础上，介绍与电子商务相关的物流、网络营销、支付系统和移动电子商务等应用，并为其他专业课的学习奠定基础。电子商务原理课程学习内容的逻辑框架如图31所示。

模式	电子商务模式			
应用	电子商务物流	网络营销	支付系统	移动电子商务
保障	技术基础	安全体系	法律法规	

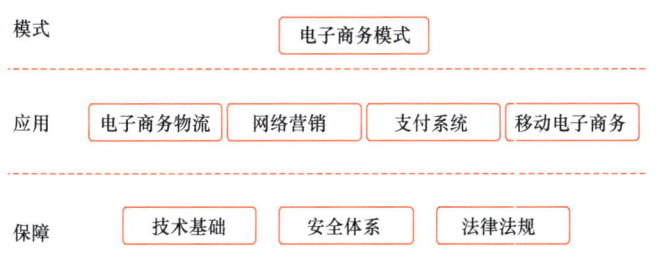

图31　电子商务原理课程学习内容的逻辑框架

学习内容包括：

电子商务概述。内容包括电子商务基本概念、特点

与功能、业务流程、电子商务的发展、对社会的影响。

电子商务模式。内容包括 B2B 模式、B2C 模式和 C2C 模式。

电子商务技术基础。内容包括互联网基础、Web 开发技术和物联网等新兴技术。

电子商务安全体系。内容包括电子商务安全的基本概念、电子商务安全技术和电子商务安全管理。

电子商务法律法规。内容包括电子商务法概述、电子合同与电子签名、电子商务中的知识产权与隐私保护。

电子商务与物流。内容包括电子商务物流的概念、物流活动与管理、电子商务配送和供应链管理。

网络营销。内容包括网络营销概念与理论、网络市场调研、网络营销策略与网络广告和网络营销方法。

支付系统。内容包括电子支付概念、支付工具(电子货币)和支付系统。

移动电子商务。内容包括移动电子商务概述、移动电子商务技术基础、移动电子商务的特点和移动电子商务的应用。

➡➡**电子商务案例分析**

按照《电子商务类教学质量国家标准》,本部分内容属于"电子商务综合"知识领域。

电子商务专业的学生需要真正理解与掌握电子商务

相关的专业知识，并具备对市场、行业发展趋势等进行分析判断的能力。从成功或失败的电商案例分析着手，可以加深学生对电子商务的认知，培养学生的电子商务能力，提升学生的电子商务素养。本部分学习内容的逻辑框架如图32所示。

模式与应用创新	电子商务商业模式	新兴电子商务		
应用	网络营销	网店的建设与运营	电子商务物流配送	电子商务支付
基础与保障	电子商务基础知识	电子商务技术支持	电子商务安全	电子商务法律

图32　电子商务案例分析学习内容的逻辑框架

学习内容包括：

电子商务基础知识。内容包括电子商务概念、电子商务与传统商务的区别、电子商务分类、电子商务的应用及影响与相关案例分析。

电子商务技术支持。内容包括计算机与互联网的基础知识、网络信息搜索、通信交流工具及相关案例分析。

电子商务商业模式。内容包括 C2C 模式、B2C 模式、B2B 模式和相关案例分析。

新兴电子商务。内容包括跨境电子商务、移动电子商务、社交电商、新零售及其案例分析。

网络营销。内容包括网络营销概述、网络市场调查、网络广告、网络营销的常用方法及相关案例分析。

网店的建设与运营。内容包括网店的定位、网店的建设、网店的数据分析、网店代运营及相关案例分析。

电子商务物流配送。内容包括电子商务物流概念、物流配送、商品退货处理及相关案例分析。

电子商务支付。内容包括电子商务支付概念、网上银行、第三方支付、移动支付及其案例分析。

电子商务安全。内容包括电子商务安全概述、电子商务安全技术、电子安全管理及其案例分析。

电子商务法律。内容包括电子商务法律概念、与电子商务经营相关的法律规范、电子合同及其案例分析。

➡➡电子商务项目策划与管理

按照《电子商务类教学质量国家标准》，本部分学习内容属于"电子商务综合"知识领域。

电子商务项目策划就是发起和运作电子商务项目，是电子商务项目实施前所做的计划和准备工作。电子商务项目管理是以电子商务项目为对象，运用项目管理的理论和方法，使项目达到预期目标，获得预期收益。本课程以"电子商务项目"为对象，以项目策划和项目管理为教学内容，以理论指导实践为主要教学目的。通过开展"研究型学习"和案例分析，让学生在项目的运作过程中学习项目策划与管理，在电子商务项目策划与管理中发挥作用。本部分学习内容的逻辑框架如图33所示。

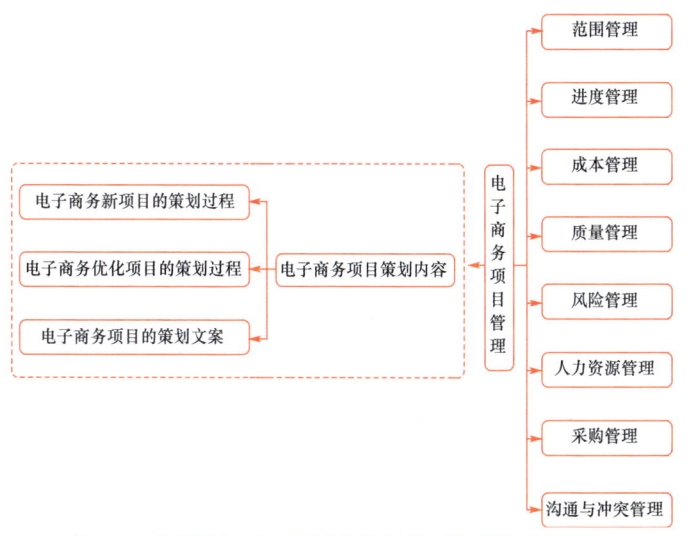

图 33 电子商务项目策划与管理学习内容的逻辑框架

学习内容包括：

电子商务项目策划与管理概述。内容包括项目策划、电子商务项目策划、项目管理和电子商务项目管理。

电子商务项目策划内容。内容包括业务模式、技术模式、经营模式、组织管理模式、资本模式和信用管理模式与风险。

电子商务新项目的策划过程。内容包括市场调查、项目浮现、项目筛选和项目孵化。

电子商务优化项目的策划过程。内容包括业务流程优化、产品设计、营销策划和技术设计。

电子商务项目的策划文案。内容包括市场调查报告、项目立项意向书、项目建议书、项目计划任务书、项目

可行性研究报告和项目策划书。

电子商务项目管理过程。内容包括项目启动、项目计划、项目执行与控制、项目收尾、项目评价和电子商务项目的整体管理。

电子商务项目范围管理。内容包括电子商务项目范围管理概述、电子商务项目范围计划、电子商务项目范围定义、电子商务项目范围确认和电子商务项目变更控制。

电子商务项目进度管理。内容包括项目活动定义、项目活动排序、项目活动时间估算、项目进度计划制订和项目进度控制。

电子商务项目成本管理。内容包括项目资源计划、项目成本估算、项目成本预算和项目成本控制。

电子商务项目质量管理。内容包括电子商务项目质量计划、项目质量保证和项目质量控制。

电子商务项目风险管理。内容包括项目风险识别、项目风险评估、风险评估结果、项目风险应对和项目风险控制。

电子商务项目人力资源管理。内容包括人力资源管理概述、项目人力资源计划、项目人员配备和项目团队建设。

电子商务项目采购管理。内容包括电子商务项目采购概述、电子商务项目采购计划、电子商务项目采购实施和电子商务项目采购合同管理与收尾。

电子商务项目沟通与冲突管理。内容包括电子商务项目沟通管理和电子商务项目冲突管理。

➡➡电子商务产品设计

按照《电子商务类教学质量国家标准》,本部分内容属于"电子商务综合"知识领域。

本部分通过介绍电子商务产品、产品设计概念及其相关技术,培养学生的电子商务产品设计逻辑思维能力和动手能力。本部分学习内容的逻辑框架如图34所示。

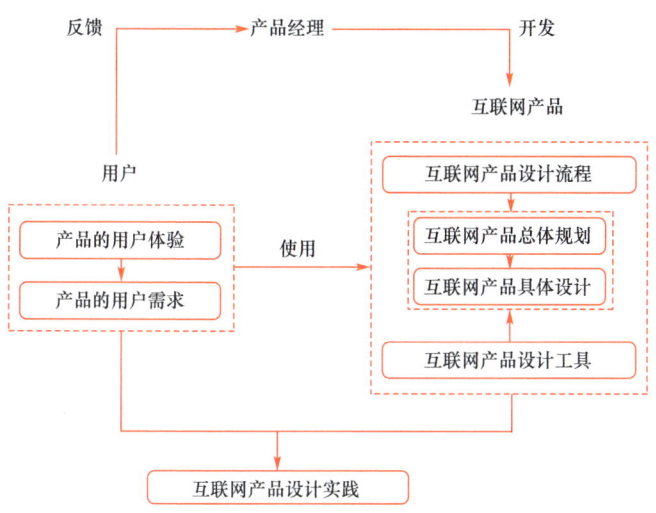

图34 电子商务产品设计学习内容的逻辑框架

学习内容包括:

产品及互联网产品。内容包括产品的基本概念、互联网产品的基本概念、互联网产品的设计思维、互联网产

品的设计者(产品经理)和产品设计行业术语。

产品的用户体验。 内容包括什么是用户体验、用户体验要素。

产品的用户需求。 内容包括需求的基本概念、需求的获取、需求分析与梳理、商业需求文档和市场需求文档。

互联网产品设计流程。 内容包括产品构想、产品分析与论证、产品需求管理、产品总体规划、产品具体设计、产品开发与测试和产品上线准备。

互联网产品设计工具。 内容包括思维构建工具、流程图工具、原型制作工具和项目管理工具。

互联网产品总体规划。 内容包括产品结构图、产品流程图。

互联网产品具体设计。 内容包括低保真原型图设计、交互设计和高保真原型图设计。

互联网产品设计实践。 内容包括产品构想、产品分析、产品规划、产品设计、产品开发与测试和产品上线准备。

➡➡电子商务系统开发

按照《电子商务类教学质量国家标准》,本部分学习内容属于"电子商务工程"知识领域。

本部分首先介绍电子商务系统的相关概念,并阐述电子商务系统规划、分析、设计、实施和运行维护的内容、技术及工具。学习内容涉及电子商务系统规划、电子商务系统分析、电子商务网站开发和电子商务移动应用开发。本部分学习内容的逻辑框架如图35所示。

```
电子商务系统规划
      ↓
电子商务系统分析
      ↓
电子商务网站开发
      ↓
电子商务移动应用开发
```

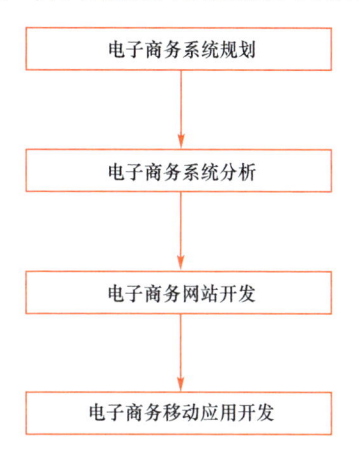

图35 电子商务系统开发学习内容的逻辑框架

学习内容包括：

电子商务系统概述。电子商务系统是指企业、消费者、银行、政府等在互联网和其他网络的基础上，为了实现企业电子商务活动的目标，满足企业生产、销售、服务等生产和管理的需要，支持企业的对外业务协作，从运营、管理和决策等层次支撑企业电子商务活动的计算机网络系统。本部分学习内容包括电子商务系统概念、电子商务系统表现形式、电子商务系统特点、电子商务系统发展过程、电子商务系统体系结构、电子商务系统生命周期。

电子商务系统规划。电子商务系统规划是指以支持

企业开发电子商务系统为目标,确定电子商务的发展战略,给定未来电子商务系统的商务模式和模型,设计电子商务系统的总体结构,说明解决方案各个组成部分的结构及其组成,选择构造这一方案的技术,给出方案建设的人员组织、实施步骤及时间安排。本部分学习内容包括电子商务发展战略、电子商务系统信息需求、电子商务系统运作模式分析、电子商务系统逻辑框架设计、可行性分析、项目进度与资源分配计划。

电子商务系统分析。电子商务系统分析是指在电子商务系统规划确定的目标和开发方案的指导下,结合电子商务系统的特点对企业的电子商务相关业务进行调研分析的活动。本部分学习内容包括目标分析、业务流程分析、数据流程分析、功能需求分析、内外部系统接口分析。

电子商务网站开发。电子商务网站开发是电子商务实施与运作的关键环节,是电子商务系统构建的前提。本部分学习内容包括资源准备、网站设计、网站后端开发、网站前端开发、测试上线和维护。

电子商务移动应用开发。电子商务移动应用开发主要涉及移动应用软件开发与测试等方面的基本知识和技能,进行移动应用软件编程、测试与维护等。本部分学习内容包括 Android App 开发、iOS App 开发、HarmonyOS App 开发和 HTML5 App 开发。

▶▶专业前沿课程——洞悉产业发展前沿

伴随着电子商务的快速发展,出现了众多引人关注的电子商务产业发展前沿领域,包括跨境电子商务、移动电子商务、农村电子商务、电子商务金融、电子商务数字经济、电子商务新一代信息技术和电子商务创新。

➡➡跨境电子商务

按照《电子商务类教学质量国家标准》,本部分学习内容属于"电子商务经济管理"知识领域。

跨境电子商务是指通过跨境电子商务平台如亚马逊等达成交易并进行电子支付结算,通过跨境电商物流及异地仓储送达商品,从而完成交易的一种国际商业活动。本部分学习内容的逻辑框架如图36所示。

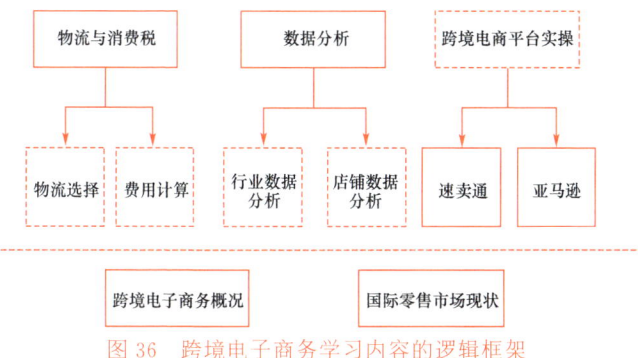

图36 跨境电子商务学习内容的逻辑框架

学习内容包括:

跨境电子商务概况。内容包括跨境电商概念、发展

历史与现状、商业模式、平台介绍和岗位要求与就业前景。

国际零售市场现状。内容包括北美市场、欧洲市场、东南亚市场和俄罗斯市场。

物流与消费税。内容包括物流分类及相关介绍、运费计算、收付款工具和海关与消费税。

数据分析。本部分介绍店铺运营数据分析思路以及分析方法,并介绍第三方数据分析工具。内容包括数据分析思路、行业数据分析、店铺数据分析和第三方数据分析工具介绍。

速卖通交易平台。内容包括平台账号管理、平台的基本操作、选品策略、推广运营策略和平台售后服务。

亚马逊平台。内容包括平台账号管理、平台的基本操作、选品策略、平台发布规则、推广运营策略和平台售后服务。

➡➡移动电子商务

按照《电子商务类教学质量国家标准》,本部分内容属于"电子商务综合"知识领域。

移动电子商务是移动智能终端和电子商务融合的产物。作为一种新型的商务模式,移动电商与人们的生活、工作密切相关,其发展前景广阔,并对我国的经济产生了深远影响。移动电子商务学习内容的逻辑框架如图37所示。

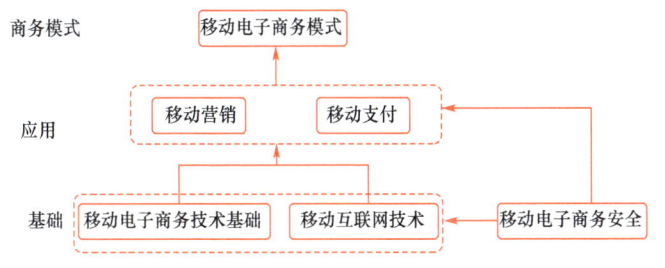

图 37　移动电子商务学习内容的逻辑框架

学习内容包括：

移动电子商务概述。内容包括移动电子商务的含义、移动电子商务的应用领域、国内外移动电子商务的发展现状和移动电子商务的发展趋势。

移动电子商务技术基础。内容包括移动电子商务的主要实现技术、移动电子商务的交互技术、移动电子商务的应用技术和移动电子商务的新技术。

移动电子商务模式。内容包括移动电子商务价值链的概念、移动电子商务模式和移动电子商务模式典型案例。

移动营销。内容包括移动营销的概念、微信营销、微博营销和二维码营销。

移动支付。内容包括移动支付的概念、移动支付的类型、移动支付的运营模式和移动支付系统。

移动电子商务安全。内容包括移动电子商务安全的概念、移动电子商务主要安全技术和移动电子商务安全问题的解决方案。

➡➡农村电子商务

按照《电子商务类教学质量国家标准》,本部分内容属于"电子商务综合"知识领域。

农村电子商务是以电子商务知识为基础,通过数字化和信息化的手段,市场化和跨区域的联合运作,使得电子商务直接扎根于农村,服务于三农,降低农村的商业成本,扩大农村的商业领域,使得农民获得新的利润增长。本部分学习内容的逻辑框架如图38所示。

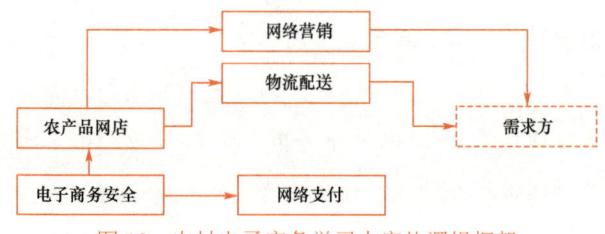

图38 农村电子商务学习内容的逻辑框架

学习内容包括:

农村电子商务概述。内容包括农村电商的概念、农村电子商务的交易模式、农村电商的发展现状与趋势和常用的互联网技术。

农产品网店。内容包括第三方平台网店、网店开通准备和网店布局与美化。

网络营销。内容包括网络营销概述、网络营销产品策略、网络营销价格策略、网络营销渠道策略、网络营销促销策略、网络营销常用方法和网络广告。

物流配送。内容包括农产品的包装设计、农产品的标准化、农产品电子商务的冷链物流、农产品电子商务的信任体系和农产品非冷链物流保鲜。

网络支付。内容包括电子支付、网上银行和第三方支付。

电子商务安全。内容包括电商的安全威胁、电子商务安全协议、电子商务网络安全。

➡➡电子商务金融

按照《电子商务类教学质量国家标准》，本部分内容属于"电子商务经济管理"知识领域。

电子商务金融是通过探讨利用互联网技术和信息通信技术，对金融市场资源要素进行整合，构建新型资金融通渠道，最大化发挥金融服务的一门课程。它以大数据、云计算为基础，依托线上平台进行金融产品和服务交易，是互联网技术与金融资本相结合的一个全新领域。本部分学习内容的逻辑框架如图39所示。

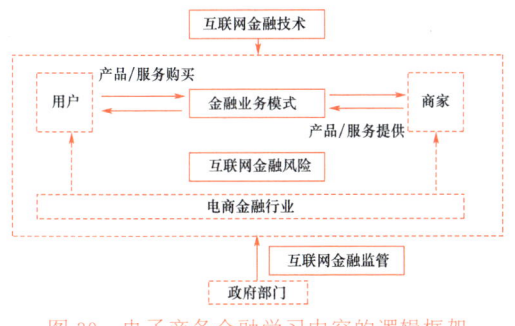

图39 电子商务金融学习内容的逻辑框架

学习内容包括：

电子商务金融概述。本部分介绍电子商务金融的基本概念、电子商务金融的发展沿革及电子商务金融对经济社会产生的重大影响。

电子商务金融基本原理。本部分从微观、中观及宏观三个角度分析电子商务金融运作的基本原理与经济学逻辑。

互联网金融技术。本部分从技术视角深入探究新一代金融数据的管理与分析，为互联网技术这一关键工具在各金融场景的运用提供现实基础。

电子商务金融业务模式。本部分介绍第三方支付、互联网货币基金、P2P网络贷款、大数据金融、众筹、信息化金融机构与互联网金融门户等具体互联网金融行业的基本运用模式、风险分析与发展趋势。

互联网金融风险。本部分介绍互联网金融主要业态的风险类别、风险的新特性及风险管理过程。

互联网金融监管。本部分介绍互联网金融领域所需要的风险管控与相应的监管措施。内容包括国外互联网金融监管经验、我国互联网金融监管现状与问题和互联网金融监管的发展趋势。

➡➡电子商务数字经济

按照《电子商务类教学质量国家标准》，本部分内容属于"电子商务综合"知识领域。

本部分学习内容结合目前国家大力发展数字经济的政策,介绍新环境下的经济发展形态和数字经济下的电子商务市场发展,梳理数字经济发展中的经济学问题,探讨如何推动电子商务的数字经济可持续发展。本部分学习内容的逻辑框架如图40所示。

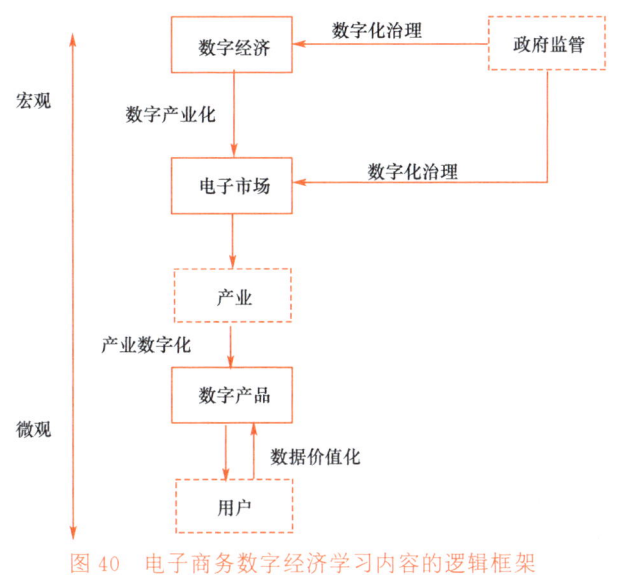

图40 电子商务数字经济学习内容的逻辑框架

学习内容包括:

电子商务数字经济概述。本部分介绍电子商务数字经济的概念内涵和发展态势,阐述了电子商务数字经济的运行机制及其衍生出的生态系统。内容包括电子商务数字经济的概念、电子商务数字经济发展态势和数字经济运行机理及其生态系统。

数字经济的影响。本部分解读国家针对数字经济出

台的相关政策，分析数字经济对我国就业的促进作用并指出数字经济的发展对电子商务的影响。内容包括国家出台的数字经济相关政策法规、数字经济对促进就业的作用和数字经济对电子商务发展的影响。

数字经济"四化"框架。本部分分析经济社会实现从生产要素到生产力，再到生产关系的全面系统变革，介绍数字经济体系"四化"框架。内容包括数字产业化、产业数字化、数字化治理和数据价值化。

电子市场结构。本部分从产业层面介绍数字经济下的电子市场结构，讲述其定义和具体形式，并介绍常见的市场结构。内容包括电子市场定义及具体形式、双边市场、稠密市场和电商平台垄断。

数字产品。本部分从微观层面介绍数字经济的交易机制，数字产品的生产、消费、交易模式和定价等。内容包括数字产品特征与分类、数字产品的营销策略、电子商务市场中的价格歧视和电子商务的应用拓展。

数字经济下电子商务探究。本部分结合目前数字经济环境，对电子商务产业市场进行分析，探究未来发展的方向和策略。内容包括数字经济下我国电子商务产业市场研究、我国跨境电商问题及策略、数字经济下"一带一路"中电子商务产业发展研究和推动我国电子商务数字经济持续健康发展。

➡➡**电子商务新一代信息技术**

按照《电子商务类教学质量国家标准》,本部分内容属于"电子商务综合"知识领域。

《国务院关于加快培育和发展战略性新兴产业的决定》中列了七大国家战略性新兴产业体系,其中包括"新一代信息技术产业"。云计算、大数据、人工智能和物联网等新一代信息技术已成为近年来科技界的热门话题,也是电子商务发展的重要推动力。本部分学习内容的逻辑框架如图41所示。

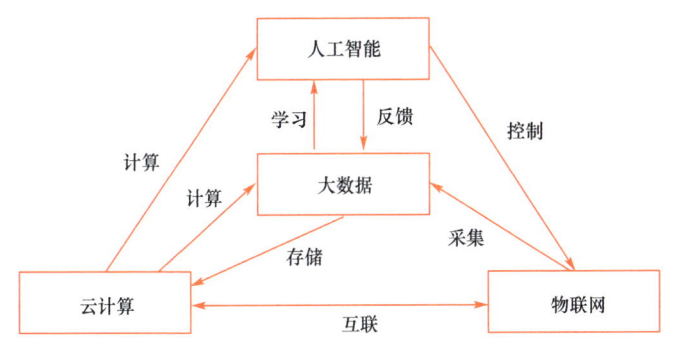

图41 电子商务新一代信息技术学习内容的逻辑框架

学习内容包括:

物联网。物联网是指通过各种信息传感器装置与技术,实时采集需要监控、连接、互动的物体或过程和相关信息,通过各类网络接入,实现物与物、物与人的泛在连接,实现对物品和过程的智能化感知、识别和管理。内容包括物联网概念、物联网技术、物联网应用。

云计算。云计算是与信息技术、软件、互联网相关的一种服务,这种计算资源共享池叫作"云"。云计算把许多计算资源集合起来,通过软件实现自动化管理。通过云计算,计算能力作为一种商品,可以在互联网上流通,就像水、电、煤气一样,可以方便地取用,且价格较低。内容包括云计算概念、云计算核心技术、云计算服务类型、云计算部署模式。

大数据。大数据是一种规模大到在获取、存储、管理、分析方面大大超出了传统数据库软件工具能力范围的数据集合,具有海量的数据规模、快速的数据流转、多样的数据类型和价值密度低四大特征。内容包括大数据概念、大数据特征、大数据技术框架、大数据处理工具、大数据应用、大数据发展趋势。

人工智能。人工智能是研究通过计算机来模拟人的某些思维过程和智能行为的学科,实现类似于人脑智能的计算机,让计算机能实现更高层次的应用。内容包括人工智能概述、人工智能技术、人工智能应用。

➡➡电子商务创新

按照《电子商务类教学质量国家标准》,本部分内容属于"电子商务综合"知识领域。

电子商务创新是指在电子商务领域内,以现有的思维模式提出有别于常规或常人思路的见解为导向,利用现有的电子商务知识和环境,为满足社会需求,而改进或创造新的事物，包括但不限于各种产品、方法、元素、路径、环境等，并能获得一定有益效果的行为。本部分学习内容涉及创新方法和创新内容两个方面，其逻辑框架如图42所示。

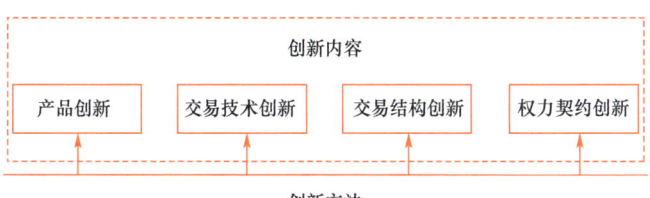

图42 电子商务创新部分学习内容的逻辑框架

学习内容包括：

创新内容。内容包括创新的含义、创新的本质与作用、创新能力的构成、创新能力的特征和创新型人才培养。

创新方法。内容包括头脑风暴法、奥斯本检核表法、分析列举法、组合创新法和TRIZ理论。

产品创新。产品创新是指针对电子商务交易特点，利用电子商务交易优势，创造某种新产品或对某一新或老产品的功能进行改进。内容包括颠覆式产品创新、组合式创新、微创新和产品交互创新。

交易技术创新。交易技术创新主要表现为以互联网、物联网、大数据、人工智能等新技术降低成本、简化支付和优化体验，促进了海量用户的频繁交易，激活了增量市场。内容包括降低成本创新、支付创新和体验创新。

交易结构创新。 电子商务多样化的交易渠道形成多元化的交易结构，为消费者带来充分的选择权力，有效地防止了个别商家对于产品和渠道的垄断，确保不同层次消费者的不同需求均可得到满足。内容包括渠道创新、团购创新、个人预售创新和大规模定制创新。

权力契约创新。 电子商务环境中的消费者的购买选择权力为消费者参与产品设计、产品生产和交易服务提供了可能，生产者、销售者的权力被用户分享，用户以购买、评价、参与等行为与前者达成平等契约。内容包括权力契约概念、权力契约模式、电子商务众筹创新案例和基于开放源码的创新案例。

拓展阅读

《电子商务类教学质量国家标准》的课程体系

教育部组织高等学校教学指导委员会编写了《普通高等学校本科专业类教学质量国家标准》，其中《电子商务类教学质量国家标准》是全国高校电子商务类专业教学质量的基本标准。该标准明确了全国高校电子商务专业的培养目标、培养规格、课程体系、教学规范、教师队伍、教学条件、教学效果和质量保障体系等方面的内容。课程体系中，学习内容由基础类、经管类、工程类和综合类4类课程组成：基础类课程包括电子商务基础知识领域中的管理学、经济学和信息技术

3个知识模块的相关课程；经管类课程包括电子商务经管知识领域中的网络营销、网络交易与贸易、电子商务运营与管理、网络金融与支付4个知识模块的相关课程；工程类课程包括电子商务工程知识领域中的应用开发技术、系统设计与实施、数据处理与分析、电子商务案例4个知识模块的相关课程；综合类课程包括电子商务综合知识领域中的电子商务概述、电子商务法律与法规、电子商务服务、互联网创新与创业、互联网前沿专题5个知识模块的相关课程。

为了让同学们了解电子商务专业所需要学习的内容，本部分分别从构建复合知识结构、形成专业核心能力和洞悉产业发展前沿三个角度，为同学们介绍对应的专业基础、专业核心和专业前沿的学习内容。

电子商务专业如何学？

　　数字技术正以新理念、新业态、新模式全面融入人类经济、政治、文化、社会、生态文明建设各领域和全过程，给人类生产生活带来广泛而深刻的影响。

——习近平

▶▶知识交叉复合——夯实基础、增强适应性

　　电子商务专业是集计算机科学、数据科学、管理学、经济学、法学和现代物流于一体的新型交叉学科。因此，学生须掌握基本的现代管理、经济、法律和信息技术等多种知识和能力，并能利用电子化、网络化的工具和方法从事企业和社会商务活动中的各项事务。

➡➡管理学——洞察企业运作的流程逻辑

　　如前所述，经历了古典管理理论、当代管理理论和现

代管理理论发展历程的管理学,聚焦规律、方法、模式研究,考虑通过合理的组织和配置人、财、物等因素,提高生产力水平,取得最大管理效益。

如《鲁滨孙漂流记》,以在荒岛生存一周时间为例,那么鲁滨孙需要考虑两件事情:首先确定"做什么",比如去海边抓鱼充饥,或是去丛林狩猎,或是将捕获的兽皮制作成衣服,等等;其次确定"如何做",他需要根据实际情况,安排恰当的时间和次序来完成所有事情。

如果用管理学来解释,鲁滨孙第一步解决的是资源配置的方向,即企业的战略管理问题,确保企业的资源运用在正确的"赛道"上。第二步解决的是如何有效利用有限的资源,即企业的绩效管理问题,让企业更有效率地产出。

那么我们要如何学习管理学呢?

正如著名管理学家西蒙所说:"管理就是决策。"传统的管理学为企业的计划、组织、控制等活动提供了一套完整的理论和方法。

首先,我们需要熟悉相关管理学发展史、相关原理和管理方法,熟练掌握基本概念和基本属性,认识和理解管理的基本职能。

其次,我们需要多学习钻研管理学案例,从案例中掌握理论与实践的结合。例如,数位网资料显示,2020年初,突如其来的新冠肺炎疫情在全球蔓延,"林清轩"作为我国本土高端护肤品品牌,业绩暴跌90%,现金流仅能支持2个月。在至暗时刻,公司将"企业数字化"定为战

略转型方向之一,围绕企业采购、生产、门店管理、销售等环节进行数字化运营,实现了门店、电商、生产、成本全业务覆盖。创始人的一封万字长信,更是鼓励全体员工"All In"数字化,最终林清轩成功化危为机,甚至成为行业数字化转型的标杆。

最后,真正有效的管理手段,往往是"人性"和"人心"。互联网时代管理手段不断迭代,如何与实际相结合,如何与时代相结合,成为电商从业者需要考虑的关键要素,"如何接受"并适应新的管理手段,则是不分年龄,全体员工必须跨越的门槛。

➡➡经济学——厚植经世济民的家国情怀

经济学起源于古希腊历史学家色诺芬和哲学家亚里士多德,经过亚当·斯密、马克思、凯恩斯等经济学家的发展,衍生出了多个交叉边缘学科。美国经济学者保罗·A.萨缪尔森(Paul A. Samuelson)对经济学做了如下解释:"经济学是研究社会如何利用有限的资源进行产品生产或提供服务,并在全社会范围内进行分配的学科。"

经济学的核心思想,体现为物质稀缺性和有效利用资源。

以位于英国伦敦的咖啡店通过亚马逊平台向位于南美洲的咖啡豆种植户下单的场景为例:以往通过中间商采购模式可能会因为时差、信息不对称等因素,导致咖啡豆积压在种植园,而终端消费的咖啡店却可能面临咖啡豆紧缺的情况。电商平台的兴起实现了供应端与消费端的直接联系,种植户可根据用户的下单量安排未来的种植,实现资源的有效利用。而咖啡店可以自由选择咖啡豆,提供更丰富的产品以满足不同消费者的需求。

如何学习经济学?

首先,我们要知道经济学有两个方向:微观经济学和宏观经济学。微观经济学可以指导我们每个人的生活决策,微观经济学的思考能实现个人价值的提升。宏观经济学是以国民经济总过程的活动为对象,主要考察就业总水平、国民总收入等经济总量。

其次,要学好经济学,需要用到很多的算法和模型进行推演,英语和数学是较基础的。

最后,经济学可能是众多学科中对知识掌握量的要求比较多的学科,涉猎广泛,除了看新闻外,往往还需要世界历史、社会学、哲学、心理学等其他学科的知识作为辅助。

商品经济的核心是价值交换。

交换契约的达成建立在信息理解的差异之上,进而完成信息趋同。人类不断扩充认知领域的信息量,互联网将人类经济推向一个新的时代,电子商务的应用极大地降低了企业的生产、采购、流通成本,从而增加利润。电子商务为消费者提供了更加丰富、个性化的产品,很大程度上满足了人们对物质和文化的需求,增加了消费支出。此外,电子商务的发展也带动了计算机、通信技术、物联网、人工智能等产业的就业,进而刺激消费,推动经济的发展。

➡➡计算机——理解电子商务实现的技术逻辑

在淘宝上检索"化妆品",会弹出众多结果,这些我们看起来再简单不过的电子商务场景,正是依托于计算机技术的"幕后支持",奥秘就在计算机技术。

计算机是电子商务实现的技术逻辑,研究计算机系统结构、程序系统(软件)、人工智能、计算本身的性质和问题,从抽象的算法分析、形式化语法等,到更具体的主题如编程语言、程序设计、软件和硬件等。

对于电子商务而言,搜索可以说是最核心的功能。计算机自然语言处理技术帮助我们实现了人与计算机之间的有效通信(人机交互)。

作为电子商务专业学生,计算机技术是专业基础课,通常从以下两个方面开始:一是编程语言(C/C++和Python),也就是实用技术(流行的开发框架和工具)的学习;二是数学基础(离散数学、高等数学、线性代数、概率论与数理统计)至关重要,专业基础理论(数据结构与算法、操作系统、计算机网络、计算机组成原理)不可或缺。在此基础上,才能深入钻研特定的技术领域,如人工智能、图形图像、云计算、物联网等。

以自然语言处理技术为例,其核心内容有分词、实体识别、类目预测、人工干预等。例如,用户想购买球鞋,在输入"AJ1 北卡兰新款球鞋"的关键字后,"聪明"的算法会根据相关性优先呈现出用户需要的结果(图43)。

图43　自然语言处理技术在搜索中的分析路径

当然,计算机科学与技术在电子商务的应用中远不止这些,我们常说的电子商务"无人销售""在线试装"等场景,都离不开计算机软硬件、图像识别、算法和大数据的支持。此外,为保证网上交易的信息安全,需要对通过互联网交互的信息进行加密保护,通过虚拟专用网技术、加密技术、认证技术、防火墙技术等设置多重防护。

可以说,计算机技术是电子商务应用的"尖矛"与"利盾",是电子商务实现的重要保障。

➡➡法律——护航电子商务的健康发展

正如本书前文所介绍的,电子商务的特性为企业经营者带来了巨大商机,也给消费者带来了空前的便利。但是,伴随着电子商务的种种福利,各种侵权违法问题也逐渐涌现。

为了吸引更多消费者,众多商家都会精心设计自己的网上店铺。然而,由于侵权成本低、侵权行为简单易行,常有人擅自使用他人的注册商标,抄袭受版权保护的图片、文案、音乐、视频,仿冒他人有一定影响力的商品包

装装潢等情况。

面对侵权,如何保护知识产权权利人的合法权益?如何减少乃至避免侵权现象的发生?如何采取合理有效的惩罚治理措施?

由于实名注册的要求,个人在支付、物流等网购流程中往往都提交了个人真实信息,这就给盗取、贩卖个人信息的不法分子以可乘之机。

此外,一些无实体店面、无经营执照且信用担保堪忧的"店铺"利用"加好友"的方式将客户引流至微信等社交平台再进行交易,引诱买家采用直接转账付款。至于卖家是否发货、商品质量等问题一概无法保证,一旦出现纠纷,商家只需要通过更换账户或者直接删除好友关系即可逃避法律责任。

法律对于电子商务而言就像扬鞭指导羊群行走的牧羊人,保证着整个羊群的安全。那么如何学习法律才能在电子商务具体实务中学以致用呢?

2019年1月1日起《中华人民共和国电子商务法》(以下简称《电子商务法》)正式实施,在法律层面规范了电子商务经营者的义务与责任,有效地维护了消费者的合法权益。在我们的课程体系中,电子商务法是一门不可或缺的专业基础课,需要学习电子商务法基本原理、电子商务立法概况、数据电文法律制度、电子签名法律制度、电子认证法律制度、电子合同法律制度、电子信息交易法律制度、电子商务安全问题、电子商务纠纷解决等内容。系统学习和掌握电子商务法的基本理论和基本知识后,形成电子商务运营中的法学思维,结合法律实务,运用法学理论和方法分析电子商务问题,运用法律管理事务解决电子商务问题。

➡➡数据科学——适应数字经济时代发展

数据科学最早可追溯到丹麦科学家彼得·诺尔(Peter Naur)1974 年出版的著作 *Concise Survey of Computer Methods*(《计算机方法的简明调查》),数据科学是一门涉及统计学、科学方法、人工智能(AI)和数据分析等多领域的综合性学科,旨在通过对现有数据进行收集、加工、分析、处理,完成从数据到信息,从信息到知识,从知识到影响力的转变(图 44)。

图 44 数据科学基本架构

(来源:Springboard 网)

数据科学旨在利用数据对实际现象进行理解和分析，是一门将数据变得有用的学科。智能手机和互联网的普及，使得越来越多的数据得以被利用。各大电商平台、搜索引擎、资讯类平台、社交类平台都在收集浏览历史，通过数据科学，了解人们何时何地有何需求，并"教会"人们在未来产生更多的使用行为。

数据科学正在改变全球经济，重新定义我们开展业务的方式、改变我们的生活：健康管理平台为我们提供精准、个性化的健康管理方案；网上购物平台为我们推荐喜爱的商品；外卖软件根据我们的订餐喜好匹配菜品，并规划较优的送餐路线；打车软件以较优惠的价格为我们匹配较近的车辆；地图软件帮助我们避开拥堵路段、实时规划较优路线……

数据科学是一个复杂而多样的领域，我们在学习过程中，首先，要小心不要陷入机器学习或数据处理的困境。统计是数据科学的基石，机器学习、数据处理、数据可视化，这些最终都是能够执行统计分析的技术方法。其次，数据挖掘和整理是数据科学的重要元素，Python 和 R 是两种主要的编程语言和工具。最后，一位数据科学家不仅是统计学家和工程师，而且必须是沟通者，光有数据分析技术是不行的，还需要懂得数据可视化，通过阐明问题或说明解决方案的方式组织和呈现数据，否则数据就只是数据，不能体现其重要价值。

▶▶应用场景丰富——特色方向提升应用能力

在以大数据、云计算、虚拟现实、人工智能为代表的新一代信息技术快速发展的条件下,传统的实体经济中涌现出了诸多新的应用场景,对电子商务人才提出了更高的培养要求。

➡➡电商运营——夯实电商基础应用能力

2021年,商务部发布《中国电子商务报告》(2021),全国电子商务从业人员达6 727.8万人,同比增长11.8%(图45)。

中国电子商务报告2021

图45 2014—2021年全国电子商务就业规模

再好的企业、再好的平台,也需要高水平的人才才能产生更大的价值,才能创造出更高的效益。

如何提升电商运营能力？

首先我们要明白电商运营的逻辑，即运营最终的目的是什么？

是利润，要获取利润，"卖什么"和"怎么卖"至关重要。因此，我们要非常熟悉互联网的基本规则，熟悉计算机操作技术。

其次，我们要具备网站管理、推广策略制定、实施电子商务平台应用和操作的能力，还要懂网络调研。例如想提升单品和关键词权重排名，就必须围绕以下指标操作：销量、DSR（Detailed Seller Ratings）店铺动态评分、人气、回购率等。

除了要具备以上基本功外，还需要围绕着电商运营，培养不断改进电商运营策略、创新电商运营模式的能力，多实操，积累经验。具体来说，就是大胆将互联网、数据分析、营销等专业知识应用于电商实务工作中，应用数据分析知识和技术工具，创新商务方案；应用电商与新媒体的知识，识别、表达和分析问题，具备电子商务系统规划与建设的管理能力。当然，要有较好的中英文等语言表达能力，能够适应电子商务的跨文化沟通和交流等。

➡➡三农电商——为乡村振兴插上翅膀

2020年4月20日，习近平总书记在陕西金米村调研时就曾表示："电商作为新兴业态，既可以推销农副产品、帮助群众脱贫致富，又可以推动乡村振兴，是大有可为的。"

越来越多的"新农人"改变"面朝黄土背朝天""日出而作,日落而息"的传统劳作方式,通过在网上开店或是直播带货,将乡村与城市之间的"万水千山"变成网络里的"近在咫尺",让"养在深闺人未识"的农产品出村进城,来到市民的餐桌上。同时,城市里物美价廉的消费品也走进农村,农民享受到了与市民一样的便利网购。

如何做好"三农电商"或"农村电商"?

2015年以来,农村电商已成为国家推动脱贫攻坚、乡村振兴和数字乡村建设的重要抓手,农村电商在中央一号文件中已经连续9年出现,2022年的中央一号文件更是明确提出实施"数商兴农"工程,全面加大农村"新基建"投资。

"数商兴农"是数字商务、振兴农业的简称,是农村电商的进一步升级。正所谓"种得好",更要"卖得好",数商兴农强调通过物联网、农业大数据、先进感知等数字技术对"地头"进行改造,解决农产品出村进城的"最初一公里"问题,进而推动农业生产、供应、销售全链路的数字化升级。

"三农电商"通过互联网手段,嫁接电子商务服务于农村生产、生活的各个环节,让农业更强、农村更美、农民更富、产业更强。

➡➡**跨境电商——助力"买全球、卖全球"**

跨境电商是全球化背景下国际贸易发展的重要趋势,跨境电商结合全球供应链发展,通达全世界,即"买全球、卖全球"。"买全球"就是跨境进口,"卖全球"就是跨境出口。

跨境进口的传统模式是海淘,境内的消费者在网站上购物,然后通过直邮或转运的方式将商品运送至境内,包括"直购进口"和"保税进口",代表网站有天猫国际、京东国际等。

跨境出口则是指境内电子商务企业通过电子商务平台达成出口交易、进行支付结算,并通过跨境物流送达商品,完成交易的一种国际商业活动。

投资、消费、出口是拉动GDP增长的"三驾马车",作为"三驾马车"之一的出口,在经济社会发展中占有重要地位,也是我国实施"走出去"战略、增强国际影响力的重要途径。

那么如何学习跨境电商?

跨境出口是传统国际贸易的转型与延伸,是推动我国产业发展的重要支柱,也是乡村振兴的重要途径之一。当前,主流跨境电商平台有亚马逊、速卖通、Wish、eBay等;在全球市场上,又分为欧美、南美洲、中东、东南亚、中亚等不同区域。

由于处于不同的国家和区域,不同的政治、经济、文化环境带来运营模式的极大差异,没有一概而论的统一模式。由此,要做好跨境电商,通常需要深耕某个单一平台或单一境外市场,仔细研究相关运营规则,发掘客源国优质资源,梳理消费习惯,梳理好 SKU（Stock Keeping Unit 库存量单位,即库存进出计量的基本单元,通常以件、盒、托盘等为单位）,形成符合客源国市场的特色产品线,才能持续发展。

2015 年,中国发布了《推动共建丝绸之路经济带和 21 世纪海上丝绸之路的愿景与行动》,描述了"丝绸之路经济带"和"21 世纪海上丝绸之路"的发展构想。

从 2013 年底至今,中国不断加强与"一带一路"沿线各国的接触和磋商,倡议的实施为全球产业合作和发展带来了机遇。跨境电商进一步促进了境内资源和生产的均衡发展,在改善世界经济形势、联通世界市场、塑造世界经济发展新秩序等方面起到决定性作用。

➡➡数据分析——洞察消费者行为秘密

大数据每个人触手可及,甚至还成为企业发展的"风口"机遇,捕捉住的企业可能会因此"飞"起来。

例如京东、亚马逊等平台,拥有数十亿的商品、数亿的访问用户、数千万的购物行为,每天都在产生天文数字级的数据量。每一次"需求"都转化成平台上具体的点击行为,搜索、收藏、下单、付款、点赞、点评、转发……这些行为的背后将形成数据的沉淀。平台通过收集和分析,了解每个人的独特需求,并通过页面实时触达,就有了

"千人千面"的平台。

消费者行为遗留下的数据是最诚实的——消费者可能永远不会告诉你,他的"200元心理账户"这个秘密,但购物车数据,却掩饰不了行为痕迹。

举个例子,"百度指数"专门对用户搜索的关键字进行数据统计,输入"全麦面包",可以看到相关用户最关心的话题是"全麦面包的热量",还有"全麦饼干""全麦粉"等。这些搜索数据就为企业制定全麦面包的产品搭配以及相关广告文案提供了充分的依据(图46)。

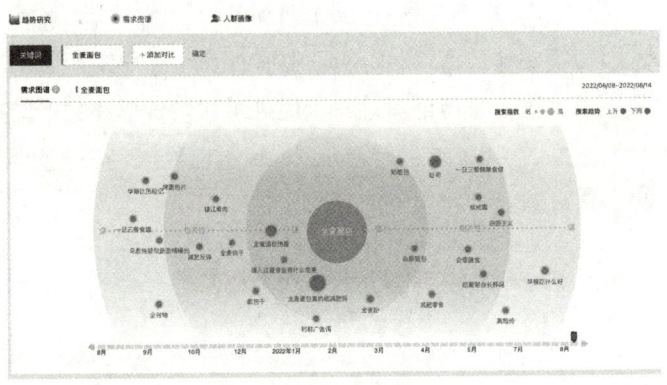

图46 百度指数

对于电子商务专业的学生而言,数据分析是基本功,数据分析师是其未来的从业领域之一。由于组织运行需要,每个业务阶段的侧重点都有所不同,可谓"隔行如隔山"。

由此,数据分析不能脱离业务。首先,必须以组织业务为导向,确定关键指标,围绕关键指标梳理流程,拆解指标，构建指标体系；其次，从指标体系入手，多维度开展探索性分析，结合分析方法和建模，进而透视数据结构，深度挖掘出数据中隐藏的宝贵价值。

▶▶赴实战以验真知——分段多维的实践教学

电子商务的本质是基于互联网进行的商务活动，商务活动是目的，互联网是载体，电子商务的发展本身就是实践的结果。在一定的理论基础之上结合实践教学不仅可以帮助学生加深对知识的理解，同时也可以提升学生的专业技能。

➡➡强化技能——实践课程

为提高学生的实践能力，缩短学生进入企业的衔接期，在学科必修基础课和专业必修课的基础上，通常会设计多门的专业选修课模块对专业基础课和专业课进行支持。

对于电子商务专业而言，实践强化环节不可或缺，通常会设计电子商务综合实验、电子商务毕业实习等实践实训活动，形成实用性极强的电子商务教学体系。

电子商务把商品的买卖过程搬到互联网上，类似传统的"进货"和"卖货"过程，而"进货"和"卖货"在电子商务里就是"后端技能"和"前端技能"。

由于互联网的 24 小时特性，在教学活动中的实践教学课时实际上大大超过了教学计划的要求。例如，在网上购物，也是一种实践课程。

"后端技能":注册成为会员、申请店铺、根据客户身份推送产品等都是电子商务中的后端技能。打开网站下单一个产品时,却被推送的产品再次吸引,这就是后端技能中强大的数据分析能力。

通过系统地学习电子商务数据分析类的实践课程,学生能轻松地解读客户浏览和交易的过程,把客户性格、职业、喜好、界面停留时长等刻画出来,为客户进行精准推送。

"前端技能":"互联网"+"广告",例如美工、内容编辑、直播设计等,都可以称为前端技能。直播电商则是"互联网"+"导购员",除了好的广告外,还需要主播选好产品、写好脚本、精准吸粉等,这些实践技能,都能够提高顾客黏性,激发购买欲望。

电子商务专业实践教学,从互联网经济的基本特征出发,通常具有一定的前瞻性,融合电子商务行业发展前沿趋势,邀请业界导师参与,共建产学研一体化的电子商务教育体系,提升学生的实践能力,缩短与业界用人需求之间的差距。

➡➡认知实习——初识企业

专业认知实习,是电子商务专业人才培养方案的重要组成部分,是学生学习和掌握科创实验方法和实践技能的主要途径,是培养学生实践能力和创新能力的重要教学环节。

认知实习的目的在于通过实习实践,对本专业所从事的工作内容进行实地参观、了解,掌握电子商务专业业务范围内的操作技能和专业技术,引导学生理论联系实际,提升分析问题、研究问题、解决问题的能力,实现理论知识与社会实习实训的"碰撞"。

由于电商企业的业务通常架构在互联网云端,可提供24小时不间断的服务,给客户带来良好的购物体验,因此在线购买,特别是生鲜电商,出现井喷之势。

客户打开不同的生鲜电商应用程序,意味着打开了不同的企业模式。例如,朴朴超市、永辉超市分别在互联网上构筑生鲜电商平台,但是二者的模式完全不同:朴朴超市是纯电商企业,既不生产蔬菜也不采购和销售蔬菜,只提供平台给供销双方使用;永辉超市基于自己的传统超市而建,有自己的基地和供应链体系。

可见,任何一个应用程序和购买活动的背后,都存在某种企业运营管理模式。

通过认知实习,我们能够了解企业的运行状况,熟悉如安全、质量、交期、成本、员工士气等指标,指标越来越好,意味着企业运行健康。

企业的竞争优势体现在客户(Customer)、质量(Quality)、时间(Time)、成本(Cost)和服务(Service)等关键指标上,不同企业的运营模式具有不同的赢利潜力和竞争优势,最终归结为客户至上——能为客户创造更多价值。

在全球经济一体化的大背景下,要想求生存、谋发展,企业必须善于吸取经济变革的新因素,大力培育核心竞争能力,才能在长时期内获得超过同行业平均水平的

投资回报率，为企业创造竞争优势，在竞争中保持长期主动性，提升客户价值创造能力，延续企业竞争优势，最终达成企业持续发展。

➡➡初入职场——专业实习

专业实习是电子商务专业教学计划的重要组成部分，是训练学生理论联系实际，在实践中分析和解决问题的实战教学环节。学生通过实习走向社会，接触实务，了解行业现状，加深理解并巩固所学专业知识，进一步提高认识问题、分析问题、解决问题的能力，为走向社会、服务社会奠定良好基础。

学生通过专业实习，不仅对互联网的基本状况、企业电子商务应用以及电子商务的发展状况等获得感性认识，更加深了对已学专业课的理解，学以致用。

专业实习通常安排在大学三年级或者大学四年级，不同的电商企业类型，实习的内容会有所不同。以交易类电商企业为例，为促成交易，实习岗位主要集中在以下几类：

一是客服部。客服部细分有销售客服、客户维护、客户拓展、售后服务，目的是及时回复和满足客户相应的需求，从而提升客户的满意度。

二是美工设计部。商品的采编信息、图片的构图和编辑、整体网页设计等是否让人赏心悦目都是美工设计部的工作内容，目的就是让客户多停留，拉长浏览时间，从而产生下单的冲动。

三是运营部。运营部是整个企业的领头羊、核心部门、主力军,涉及产品和店铺运营。产品运营包含产品的包装、文案内容、上下架、价格定位、补货出货等。而店铺运营包含开店策划、设计装修、产品更新、订单处理等。电商运营的核心在于流量运营,不仅是平时的客户留存和吸粉,还包括特殊日子比如"618"或"双11"的活动策划等。

四是技术部。技术部聚集了一批为了维持网站正常运作而努力工作的程序员。他们分别负责店铺安全维护、后台开发、前端开发等。

▶▶激发创新活力——电子商务创新创业

随着互联网和电子商务技术的发展,我国电子商务领域的创新创业呈现井喷之势,电子商务创新创业已经成为推动我国经济增长的新动能。培养学生的创新创业精神、提升创新创业能力是现代高等教育的重要职责和必然趋势。

➡➡创新创业类课程

美国的亨利·埃茨科威兹(Henry Etzkowitz)教授创立了大学-产业-政府三方的三螺旋理论,即在创新中各方密切合作、相互作用,每一方同时都保持自己的独立身份,其在高等教育领域的运用主要集中在创业型大学上,具体应用于创新创业人才培养。

目前，国内高校的创新创业课程大体上分为以下三个方面：

第一，创新创业实践、实验以及实训课程教学体系，该体系通常包含了企业家精神、风险投资、企业经营模拟、沙盘演练、项目计划实施，以及各种创业竞赛活动等。

第二，创新创业实践教学体系，主要有商业案例分析、创业者讲座、模拟经营管理、创业孵化基地实训，以及通过让学生参与创新创业竞赛的方式实施创新创业实践教学。

第三，创新创业实践教学平台，主要有课堂教学、校内实践教学、校外实践教学等。

当前国内各高校的创新创业实践，大多将以上内容进行融合，结合学校自身特色，探索出适合本校学生素养的独特模式。

➡➡ 电子商务三创赛

2009 年由教育部电子商务类教学指导委员会主办、由浙江大学承办的，第一届以"创新 创意 创业"为主题的全国大学生电子商务三创赛举办成功。三创赛以产学研紧密结合的学生实训实战形式，通过竞赛挑战企业运营，激发师生创意、创新、创业热情，建立了产学研紧密联系的桥梁，培养了大量行业精英。

2022 年，全国大学生电子商务三创赛在我国普通高校学科竞赛排行榜中排名上升到第 13 位，成为含金量较高的金牌赛事，其核心理念是激发学生的兴趣与潜能，培养学生的创新意识、创意思维、创业能力以及团队协同实战精神。

三创赛从2009年至2022年,已成功举办了十二届,从第一届的1 500多支队伍到第十一届的13万多支队伍;参赛项目的内涵逐步扩大,从最初的校园电商到"三农"电商、工业电商、服务电商、跨境电商,以及AI、5G、区块链等领域的创新应用,通过多轮考核对学生的电商专业技能和综合素质进行全方位的考察和提升。随着比赛规模越来越大,影响力越来越强,三创赛现已成为颇具影响力的全国性品牌赛事。

拓展阅读

坐拥1.7亿私域流量,朴朴超市成立6年就达到150亿元

2020年,我国生鲜零售市场规模高达5万亿元,因此这赛道既热闹又拥挤,老牌如永辉超市,新秀有盒马鲜生,还有钱大妈、叮咚买菜、每日优鲜等强手。在这一赛道上,还有一名低调选手,默默无闻,凭着"纯线上运营+前置仓配送"模式,在福州这个永辉超市总部地头上,碾压永辉,逼退盒马,成立仅仅几年的时间,从0做到了150亿元。而且,它还在街头打出了特色,在美团黄和饿了么蓝之外,成为奔走于广深街头的绿色新势力——朴朴超市。创立于2016年的朴朴超市,从福州起步,现已扩张至广州、深圳、武汉和成都,采用"纯线上运营+前置仓配送"的商业模式,即在消费者居住地3千米范围内建立前置货仓,主打全品类运营,

不设线下门店，用户手机下单，朴朴超市在30分钟内即时配送。朴朴超市把目标客群定位为中产以下人群，即对价格敏感的大学生、年轻白领和老年人，每到一个新城市，基本贯彻同一种推广风格：凶猛。线上，朴朴超市通过社交媒体如朋友圈、抖音和微博露面，在用户量众多的应用程序打信息流广告。例如在抖音，朴朴超市以抖音用户喜欢的真人情景剧形式开场，突出当季生鲜产品和"188元新人大礼包"吸引点拉新。

电子商务专业就业去向

"得人者兴,失人者崩。"网络空间的竞争,归根结底是人才竞争。

——习近平

从就业行业看,随着数字经济与实体经济的深度融合,电子商务就业的行业既包括互联网和电子商务行业,也包括由电子商务衍生出的物流、营销、支付等电子商务相关服务行业,还包括金融、制造业、零售业、农业、教育等各种传统行业的信息技术和电子商务相关部门。从就业地点看,学生具体就业行业与区域产业环境有一定的关系,比如长三角、粤港澳大湾区和京津冀等区域,互联网和电子商务企业聚集,学生毕业后在互联网和电商企业就职的比较多,像江浙沪和东南沿海区域对外贸易发达,跨境电子商务人才需求旺盛,学生去外贸等行业从事

跨境电商相关工作的非常多。

　　未来,技术迭代升级和融合应用将进一步深化,电子商务行业需要掌握大数据、云计算、移动互联网、区块链等新一代数字技术和数据治理、数字化商务规则等知识,并具备数字化能力与思维,以及高度综合的创新能力和商业实践能力的运营管理专门人才。电子商务专业典型的就业去向如图47所示。

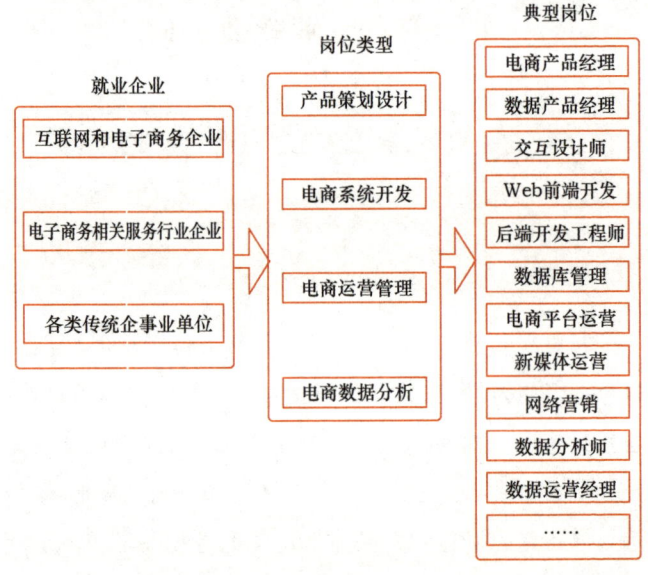

图47　电子商务专业典型的就业去向

▶▶互联网产品设计——需求洞察

　　随着互联网的发展,互联网产品经理作为一种专门岗位的需求量越来越大。互联网产品经理的核心工作职责是发现用户需求,并用合理的产品方案满足用户需求。

➡➡互联网产品经理做什么?

互联网产品的概念是从传统意义上的"产品"延伸而来的。所谓互联网产品,是以互联网为载体,满足用户某种需求的解决方案,或者一系列功能和服务的集成,其典型的载体就是软件、网站、电子商务系统、应用程序等。产品来源于需求,而需求来源于用户。互联网产品存在的价值就是满足用户的需求,或者是解决用户的问题。例如,京东通过京东商城网站或应用程序向网民销售产品;字节跳动通过今日头条向用户提供个性化的信息服务,通过抖音向用户提供短视频服务;等等。

简单来说,互联网产品经理主要负责互联网产品的策划与设计等工作。百度百科中对产品经理的定义是,产品经理负责市场调查并根据产品、市场及用户等的需求,确定开发何种产品,选择何种业务模式、商业模式等,并推动相应产品的开发组织,还要根据产品的生命周期,协调研发、营销、运营等,确定和组织实施相应的产品策略,以及其他一系列相关的产品管理活动。从中可以看到,产品经理是多面手,工作涉及范围非常广泛。

虽然不同产品经理的工作内容不同,但是从产品设计的流程看,产品经理的职责是大体相同的。互联网产品经理要对互联网产品从定义、设计、开发到运营的整个生命周期负责。

在做一个互联网产品之前，也就是产品定义阶段，我们通常要分析这个产品该做还是不该做，该怎么做。在企业内，常常是有了最初想法后，产品经理会去做分析，输出商业计划书，其主要工作是用户研究、需求分析、竞品分析等。

明确产品方案后，距离真正实现还很远，还要进行产品设计，包括有哪些功能、业务流程、产品界面和原型等。

完成了产品方案设计后，开发人员可以开始动工来实现产品了。这时候产品经理还需要跟进，确保需求实现，保证产品质量和项目进度，配合进行产品测试等。

产品实现后，就要进行产品发布，这个时候产品经理还应持续跟进，配合运营做一些营销推广工作，根据上线后的数据表现及用户反馈进行产品迭代和优化，好的地方发扬，不好的地方改善。

这些是一个互联网产品经理在项目中要完成的任务。一个优秀的产品经理不但能引导产品的发展，而且能引导公司的发展。苹果公司联合创始人乔布斯、腾讯创始人马化腾、微信创始人张小龙、360创始人周鸿祎等都曾是业界著名的产品经理。

➡➡典型的互联网产品类岗位

随着互联网产品形态的丰富，现在产品经理的岗位划分也越来越细。我们在招聘网站上可以看到不同类型产品经理的招聘信息，如图48所示。

| 产品经理 | 产品经理 | 网页产品经理 | 移动产品经理 | 产品助理 | 数据产品经理 | 电商产品经理 |
| 游戏策划 | 产品实习生 |

| 产品设计师 | 网页产品设计师 | 无线产品设计师 |

| 高端职位 | 产品部经理 | 产品总监 | 游戏制作人 |

图48 某招聘网站上互联网产品类岗位

按照不同的行业和产品类型,有电商产品经理、社交产品经理、教育产品经理、金融产品经理等。

按照工作内容,产品经理分为功能产品经理、数据产品经理、商业产品经理、策略产品经理等。功能产品经理是最常见的,主要负责的工作是进行用户需求调研和分析,根据用户需求设计应用程序、电子商务系统、网站、小程序等不同互联网产品的功能、流程和产品原型等。

按照用户类型,产品经理包括面向个人用户的产品经理和面向企业用户的产品经理等。在面向个人用户的产品经理中,根据技术的不同,又可以分为应用程序产品经理、电脑端产品经理、小程序产品经理等。应用程序产品经理,是负责应用程序产品的产品经理,负责苹果手机、安卓手机上的原生应用程序的产品设计;电脑端产品经理,是负责公司网站产品的产品经理;小程序产品经理,是主要负责在微信里制作小程序或移动网页版产品的产品经理。

➡➡互联网产品类岗位能力要求

不同类型产品经理的工作职责和能力要求有所不

同。根据公司业务情况和岗位的不同,互联网产品经理的要求也不尽相同。下面是在某招聘网站上摘取的某公司互联网产品经理的岗位职责和招聘要求。

岗位职责:

参与需求调研,根据客户及业务人员需求,结合公司已有产品状况,完成项目经理、产品经理安排的产品需求分析与调研工作;

协助产品经理完成产品的设计与跟进开发工作;

配合市场、业务人员,提供必要的产品售前、售后支持(产品宣讲、培训等)。

招聘要求:

熟悉产品研发过程,包括产品规划、需求分析、产品设计、原型设计、可用性测试等;

熟悉产品需求文档、市场需求文档撰写,熟练掌握Axure、Visio等产品设计类软件;

具备良好的计划条理性、逻辑分析能力、沟通表达能力。

按照职级划分,产品经理包括产品专员、产品助理、高级产品经理、产品专家、产品总监、产品副总裁等。产品经理、产品助理、产品专员通常负责一个功能模块,主要工作包括用户研究、需求分析、界面原型、简单的交互设计;高级产品经理通常负责一条产品线,需要具备项目管理能力、需求管理能力、跨部门团队管理能力;产品总监、产品专家通常负责一个产品项目,需要有产品规划能力,需要有更多产品以外的知识,例如市场运营、推广合作等;产品副总裁,负责整个产品部门,对产品有自己的思想和远见,并能影响公司的发展方向和运营策略。

互联网产品经理对人的综合素质要求非常高,这也是产品经理收入比较高的原因之一。产品经理需要与人打交道,组织并处理好很多复杂的关系和工作。良好的沟通能力、组织协调能力、资源运用能力、推动和协调各部门的合作和有序进展的能力,是一个产品经理需要具备的综合能力。

从基本技能看,产品经理需要熟练掌握 Axure、MindManager、Visio 等产品原型设计相关工具,了解主流的技术。尽管产品经理不负责研发,但需要与技术部门做大量沟通、协调、对接等工作,所以也需要了解主流的系统开发技术。

从通用能力看,从事互联网产品相关工作需要具备较强的沟通能力、统筹协调能力、分析能力、学习能力、策划能力、执行能力、抗压能力、逻辑思维和创新思维等;从专业能力看,需要具备项目管理、互联网技术、数据分析、营销策划、心理学等多领域的知识。

除了一些细分和专业领域的产品经理岗位,大部分互联网产品经理工作对学生的专业没有特别强的限制性要求。目前从事产品经理工作的人各种专业背景都有,但是电子商务专业学生因为基于互联网的行业背景,具备互联网技术和经济管理交叉复合的知识结构,涉猎知

识比较广泛,所以从事互联网产品策划设计工作具备一定的优势。

▶▶电子商务系统开发——技术实现

电子商务系统是开展电子商务业务的信息系统。从技术实现看,电子商务系统包括前台和后台两部分,前台主要给用户使用,后台主要给经营者或管理人员使用。电子商务系统开发是典型的技术类岗位。

➡➡电子商务系统开发做什么?

以我们在网上购物使用的京东、淘宝等电子商务系统为例,从技术实现上,主要涉及前端和后端两部分。前端的工作是设计制作网页,后端的工作是结合数据库实现一些代码的功能逻辑。简单来说,就是前端开发人员在应用程序中创建一个界面,上面有一个按钮,点击按钮可获取客户的数据。后端开发人员编写可使得按钮工作的代码,通过这些代码从数据库中提取所需数据并将其传回到前端。

用户在浏览网站或应用程序的时候,看到的页面(包括内容和效果)就是前端。前端工作就是根据网页和应用程序设计图,用代码的形式做成页面呈现给用户浏览。前端工作使用 HTML、CSS、JavaScript 等计算机语言技术来制作网站页面的样式、排版布局、动态效果等。

后端指的是服务端技术或者网站后台技术。简单来说,后端就是部署在服务器的应用程序,为前端提供各种业务支持,比如用户的注册/登录验证或者图片上传、文章发布、产品购买等,这些都是需要后端来实现的。常见的网站后端开发语言有 ASP、ASP.NET、JSP、PHP 等。同时网站后台技术还包括数据库如 Access、MySQL、SQLServer、Oracle 等,数据库是用来存储后台数据的。

➡➡典型的电商系统开发类岗位

电子商务技术类岗位比较传统和典型的职位就是网页设计师、网站维护工程师、数据库管理员等。网页设计师岗位要求其工作中能够完成对电脑端、移动端等的版式设计与页面设计,并做好整个电脑端、移动端的色彩整体设计与布局,保证页面和谐;网站维护工程师则需要负责该网站的开发、制作、修改、维护和升级,从而保证网站的正常运行,满足用户需求;数据库管理员主要负责后台数据库的规划、管理和日常维护等工作,从而保证数据库的平稳运行。

随着技术的快速发展,电子商务技术类岗位也日益细化,如图 49 所示为某招聘网站上技术类岗位。随着开发语言和环境的丰富,招聘岗位包括 Web 前端开发工程师、H5 前端开发工程师、Java 开发工程师、PHP 工程师、Python 开发工程师、.NET 开发工程师等;从技术实现环节看,包括开发、测试、运维等不同岗位。

后端开发	Java　C++　PHP　数据挖掘　搜索算法　精准推荐　C　C#　全栈工程师　.NET　Hadoop　Python　Delphi　VB　Perl　Ruby　Node.js　Go　ASP　Shell　区块链　后端开发其他
移动开发	HTML5　Android　iOS　WP　移动开发其他
前端开发	web前端　Flash　html5　JavaScript　U3D　COCOS2D-X　前端开发其他
人工智能	深度学习　机器学习　图像处理　图像识别　语音识别　机器视觉　算法工程师　自然语言处理
测试	测试工程师　自动化测试　功能测试　性能测试　测试开发　游戏测试　白盒测试　灰盒测试　黑盒测试　手机测试　硬件测试　测试经理　测试其他
运维	运维工程师　运维开发工程师　网络工程师　系统工程师　IT支持　IDC　CDN　F5　系统管理员　病毒分析　WEB安全　网络安全　系统安全　运维经理　运维其他
DBA	MySQL　SQLServer　Oracle　DB2　MongoDB　ETL　Hive　数据仓库　DBA其他

图 49　某招聘网站上互联网技术类岗位

➡➡**电商系统开发类岗位能力要求**

总体上,从事电子商务技术类岗位需要系统的技术知识和某一领域的扎实技能。对于电子商务技术类岗位,在熟悉计算机网络、办公软件、数据库、操作系统等计算机基础知识技能基础上,应熟悉 Photoshop 等常见的图像及视频编辑的软件,掌握 HTML、CSS、JavaScript 等前端开发相关技术,精通 1~2 门程序设计语言,例如 Java、Python、PHP 等,精通 SQL Server、My SQL 等主流数据库系统,了解 MongoDB 等新兴的数据库软件。下面是在某招聘网站摘取的某公司 Web 前端开发工程师的岗位职责和招聘要求。

岗位职责：

负责公司系统的前端开发，并持续改善性能和用户体验。

责任感强，主动性高，有良好的主动沟通能力及团队协作精神。

负责研究和评估新技术和框架，持续改善和提高产品性能、灵活性及稳定性。

招聘要求：

精通 JavaScript、HTML、CSS 等 Web 前端技术。

精通 JQuery，熟练使用 GIT，至少掌握 React、Vue、AngularJS 框架中的一种。

熟悉各种跨浏览器兼容性技术，熟悉响应式布局和屏幕适配技术。

对页面布局具有深刻理解，注重细节，善于分析并改善产品的视觉感觉和用户体验。

在当前的技术环境下，如果想从事技术类岗位，应该具有快速学习能力，尽量丰富自身的知识与技能结构，既要掌握传统 Web 前端开发知识，也要掌握一定的移动端开发知识，包括安卓系统开发和苹果开发。随着大数据的日益重要，除了掌握传统的 PHP、Java 等程序设计语言，也要掌握数据分析挖掘类的语言，如 Python、R 语言等，这样才能适应不断变化的技术和商业环境。

需要注意的是，尽管以上技术类课程大部分电商专业都会开设，但是学习深度不同。通常在经管类学院下

开设的电商专业涉及技术课程层面比较广,通过技术课程主要培养学生的技术思维,为从事运营管理类工作奠定基础;而开设在信息或计算机学院下的电商专业,学习的技术类课程有一定深度,学生毕业后从事技术类工作的比较多。

▶▶电子商务运营管理——用户获取

作为连接互联网产品与用户的纽带,运营承担着重要的责任。运营的目的主要包括获取用户、维系用户关系、留存用户、促进用户转化和付费等。从电商行业人才需求的岗位分布来看,运营是电商行业人才需求的主力岗位。

➡➡电子商务运营管理做什么?

产品经理和系统开发人员将网站、应用程序等互联网产品设计和研发上线,但是这样的产品是没有生命力的,还需要运营管理人员让产品正常地运转起来,将产品推广出去,吸引目标用户下载、注册、转化成为产品客户。运营的工作岗位和职能随着互联网的发展不断变化,大体上包括销售、推广、宣传和促销等。在互联网发展早期,主流的产品形态是论坛、门户网站、搜索引擎等,运营工作包括网站编辑、网站推广等;2004年以后,随着淘宝、京东等各种电商平台的出现以及传统企业开展电子商务的需求,电商运营的岗位也开始涌现,大体工作包括商品的上架、销售、各种电商促销活动等；2009年以后，随着移动互联网的快速发展，应用程序、微信、微博、今日头条、抖音、快手等产品快速发展，产生了应用程序运营、新媒体运营、微博运营、微信运营、短视频运营等各种运营岗位。

由于公司规模、所在行业、运营平台、产品生命周期等的差异，互联网运营的工作内容也呈现出明显的差异性。从运营的对象或渠道来分，运营可以分为应用程序运营、社群运营、新媒体运营、电商运营、游戏运营等。针对运营平台的不同，运营相关工作包括搜索引擎推广、应用商店运营、天猫平台运营、京东平台运营、亚马逊平台运营、阿里巴巴速卖通平台运营等。

从运营的核心工作来分，目前互联网相关运营工作可以分为内容运营、用户运营、活动运营、产品运营等。

内容运营的核心是图文、短视频等内容，主要根据用户需求，通过内容的生产、内容的加工、内容的分发与传播等手段提升内容相关的数据，例如，通过浏览量、点赞数等来提升用户活跃度和忠诚度。

用户运营的核心是用户，围绕着用户的新增、留存、活跃、传播以及用户之间的价值供给关系建立起来一个良性的循环，持续提升各类与用户有关的数据，如用户数、活跃用户数、付费用户数、用户停留时间等，提高新用户转化和老用户的活跃留存。

活动运营的核心是活动，策划线上或线下的活动，围绕着一个或一系列活动的策划、资源确认、宣传推广、效

果评估等一系列流程做好全流程的项目推进、进度管理和执行落地,包含策划、准备、实施、复盘等。

产品运营的核心是互联网产品,通过一系列各式各样的运营手段(如活动策划、内外部资源拓展和对接、优化产品方案、内容组织等),拉升某个产品的特定数据,如装机量、注册量等。

➡➡典型的电商运营管理岗位

在互联网和电商行业中,由于产品形态的丰富性,运营管理工作岗位非常多元化,典型的岗位如电商运营、网站运营、新媒体运营、网络营销、直播运营等,如图50所示为某招聘网站上互联网运营类岗位。

电商运营主要指的是对网上店铺的运营和管理,这些店铺包括但不限于淘宝、天猫、京东、唯品会、拼多多等综合电商平台,或者企业自有电商平台,或者亚马逊、eBay、阿里巴巴国际站等跨境电商平台等。电商运营主要是进行网店商品的管理,以及各种促销活动的策划和执行,其工作职责大体包括店铺的搭建和装修、网店商品品类管理、商品的上架和下架、商品的基础包装和文案设计、推广策划方案的制订和执行、各类专题营销活动的策划执行、营销数据分析和方案优化等。不同体量的电商公司,电商运营工作的内容也有一定差异。

运营								
运营	用户运营	产品运营	数据运营	内容运营	活动运营	商家运营	品类运营	游戏运营
	网络推广	运营专员	网店运营	新媒体运营	海外运营	运营经理		
编辑	副主编	内容编辑	文案策划	记者				
客服	售前咨询	售后客服	淘宝客服	客服经理				
高端职位	主编	运营总监	COO	客服总监				

图50 某招聘网站上互联网运营类岗位

网站运营是指一切为了提升网站服务于用户的效率，而从事与网站后期运作、经营有关的行为工作。网站运营范畴通常包括网站规划、网站内容建设、网站内容优化与推广、网站服务器维护、网站流程优化、数据挖掘分析、用户需求分析与用户研究、网站营销策划等。

短视频运营是伴随着抖音、快手、B站、微信视频号等视频网站的发展而产生的岗位。短视频运营作为新兴的职业，属于新媒体运营或者互联网运营体系下的分支，即利用抖音、快手等短视频平台进行产品宣传、推广、企业营销的一系列活动。通过策划与品牌相关的优质、高度传播性的视频内容，向客户广泛或者精准推送消息，提高知名度，实现相应营销目的。

网络营销也是典型的电子商务运营管理类岗位。该岗位要求工作人员能开发、跟进与维护市场中的潜在客户，并落实与执行各项电子商务网络营销方案，从而提升流量和用户数量；还要积极地拓展与推广公司外部渠道，促成合作；以及通过应用多种网络推广手段宣传与推广

企业的产品和服务。

随着电商直播的快速发展,越来越多的人员加入直播行业,支撑直播电商的除了我们看到的网络主播外,更重要的是直播运营岗位。直播运营岗位负责平台直播运营工作,主要包括制订直播方案并实施,直播间的选品、排期、上下架链接等,日常直播活动策划、统筹落地执行,直播的脚本、玩法、跟播等,后台设备调试、灯光布置,把控粉丝需求,增加粉丝量和粉丝停留时间等。

➡➡**电商运营管理类岗位能力要求**

随着电子商务的快速发展,电子商务运营管理类岗位需求量非常大,运营管理类岗位可分为基础性岗位和高级岗位,且目前呈现基础性岗位细分化和高级岗位综合性要求强的特点。下面是在某招聘网站摘取的某公司京东店铺运营的岗位职责和招聘要求。

岗位职责:

负责京东店铺运营工作,包括产品、活动、流量、营销规划等;

能够独立分析各网店的数据,能够数据化运营店铺,改进和优化店铺推广;

为达到销售业绩,能提供具体的思路和方法,独立运用各种营销工具进行推广,对接设计,整合店铺活动方案、排版、玩法等;

竞争对手调研分析,根据网络情况和网店运营情况,适时调整运营方案。

招聘要求：

具有淘系店铺或京东店铺运营经验，精通后台操作流程及平台规则；

具有较强的计划和执行能力、协调能力和人际沟通能力；

思维清晰，反应敏捷，具有良好的服务意识与团队精神；

踏实、坚韧、执着，勇于接受挑战。

基础性运营类岗位主要是结合企业电子商务业务运营需求产生的，如销售、客服、美工、编辑等，总体上这类岗位的门槛不高，企业比较注重实践经验，要求学生具备较好的实践操作能力、执行能力和学习能力。

高级运营管理类岗位对人才的综合素质要求比较高，需要学生具备营销策划、图像和视频编辑、数据分析、文案写作、多平台运营等知识能力，并具备良好的创新能力、沟通能力、学习能力和抗压能力。

▶▶电子商务数据分析——决策支持

随着大数据、物联网、5G等技术应用的不断发展，社会对该数据相关从业人员的需求日益增长。"数据分析"已经贯穿电子商务产品研发、商品采购、视觉设计、产品销售、营销推广、客户服务、物流管理等全链条，成为电子商务各工作岗位中最为核心的能力之一。

➡➡电子商务数据分析做什么？

电商数据分析类的主要工作是结合企业业务需求，利用主流数据工具和软件，挖掘有效数据，对数据进行收集、加工和分析，分析业务中存在的问题，提出可执行的建议，基于数据分析结果对企业相关决策提供支持。

目前有很多学校的电商专业都会开设与数据分析相关的课程，也有一些学校的电商专业开设了电商数据分析的专业方向或课程模块，专门培养电商数据分析人才。2020年4月30日，人力资源和社会保障部发布《新职业——大数据工程技术人员就业景气现状分析报告》，报告中对1 572家企业的调查结果显示，企业对数据分析的重视程度进一步提高，65.2%的企业已成立数据分析部门，24.4%的企业正在计划成立相关数据分析部门。该报告中对大数据工程技术人员职业定义为，从事大数据采集、清洗、分析、治理、挖掘等技术研究，并加以利用、管理、维护和服务的人员。根据不同业务需求，数据分析实际需要做的工作有很大差别。比如，很多中、小企业会根据电商平台中商品销售时间和销售量等数据，分析随时间变化销售量的变化趋势；根据商品受众用户年龄的分布，找到购买量最主要的用户年龄分布等；根据产品销售数据，分析爆款的产品等，在此基础上制订相应的营销方案等，这是比较常见的电商数据分析工作。

➡➡典型的电商数据分析类岗位

数据类岗位遍布在企业的不同业务领域中,目前企业提供的数据类岗位按照工作内容要求,可以分为以下几类,相关岗位职责和技能要求见表4。

表4　数据类岗位职责和岗位技能

岗位	岗位职责	岗位技能
数据分析师	负责行业数据搜集、整理、分析,并依据数据做出行业研究、评估和预测	数理统计基本知识,Excel、SQL、Python/R
挖掘工程师	负责行业数据整理、挖掘,并依据数据做出行业研究、评估和预测	常用数据挖掘算法,SQL、Python/R/Java、TensorFlow、Caffe等深度学习系统
大数据开发工程师	使用编程语言开发大数据相关软件和应用系统	Java/Python/C++/Scala、Linux/UNIX系统
大数据架构工程师	负责大数据架构的设计与实施	分布式系统原理,Linux/UNIX系统及其脚本shell等,Hadoop、Spark等大数据框架及其组件Yarn、HBase、Hive、Pig等
大数据运维工程师	负责大数据系统的运行和维护	Linux/UNIX系统及其脚本shell等
数据可视化工程师	负责大数据可视化应用开发,多维度、生动地体现数据分析结果	前端框架及工具,如jQuery、Vue.js、Webpack等Web前端相关技术,包括HTML/CSS/JavaScript,数据可视化框架如Echars、Highcahrts、D3.js等

(续表)

岗位	岗位职责	岗位技能
数据采集工程师	负责数据采集、预处理、标注等	Linux/UNIX 系统,数据库如 Mysql、redis、mongdb 等,爬虫框架如 Scrapy 等,Web 基础知识如 HTML/JavaScript/CSS/xpath/url/Ajax/xml 等,解析工具如 HttpClient、jsoup、WebDriver、phantomjs 等
数据库管理员	负责数据库的运行和维护	Linux/UNIX 系统,MySQL、SQL 等数据库的运行机制和体系架构
数据运营经理	负责数据的运营	数理统计基本知识、运营方法 SQL
数据产品经理	负责数据产品的销售	工具如 Axure、Visio、Mindmanager、Project、PPT 等,BI、SQL、产品规划能力,撰写需求文档能力
数据项目经理	负责数据项目	项目管理工具、PMP 证书、梳理流程能力
大数据销售工程师	负责大数据业务销售	沟通能力及业务谈判能力

(来源:人力资源和社会保障部.新职业——大数据工程技术人员就业景气现状分析报告,2020 年 4 月 30 日。)

初级数据分析类,包括业务数据分析师、商务数据分析师等。该类岗位主要负责行业或业务数据搜集、整理和分析,根据分析结果做出行业研究、评估和预测,为企业业务决策提供支持。

数据挖掘算法类,包括数据挖掘工程师、机器学习工程师、深度学习工程师、算法工程师、人工智能工程师等。

该类岗位主要是利用机器学习等各种算法和模型进行数据挖掘。

数据开发运维类,包括大数据开发工程师、大数据架构工程师、大数据运维工程师、数据可视化工程师、数据采集工程师、数据库管理员等。该类岗位主要是使用大数据软件或编程语言进行相关软件和系统的开发,负责大数据系统架构设计、运行和维护等。

数据产品运营类,包括数据运营经理、数据产品经理、数据项目经理、大数据销售等。其中数据产品经理主要负责数据产品从产品立项、开发需求、跟进产品开发、测试一直到产品上线等工作;数据运营经理主要负责支持业务日常数据分析。

➡➡电商数据分析类岗位能力要求

根据不同业务需求,数据分析相关工作内容和要求具备能力点不同。数据挖掘类岗位偏重技术,对数学、统计学、大数据和计算机编程相关技能要求比较高,要求学生熟悉机器学习等各类数据挖掘算法,有一定难度,比较适合偏重工科和计算机背景的电商专业学生;数据分析和运营类岗位偏重业务,除了掌握常见的数据分析的工具外,还要求学生对企业业务逻辑有较好的理解,具备营销、管理学等相关知识,比较适合偏重营销和管理背景的电商专业。

此外,不同阶段的硬性技能要求存在差异:业务数据

分析阶段主要需掌握 Excel、SQL 和商务智能（BI）等技能；数据挖掘阶段更加关注编程技能，如 Python 语言；大数据分析阶段除 SQL 和 BI 外更加关注大数据平台上特定工具的使用，如 Hadoop、Spark 等。

总体来看，数据分析类岗位要求学生具有较强的数据分析能力、逻辑思考能力和学习能力，具有较高的数据敏感性，具备统计学和数据库相关知识，熟悉 SQL、Excel、SPSS、BI 等数据分析工具，掌握 Python、R 语言等数据挖掘和分析的语言。

从业态变化的角度看，企业需要大量的复合型人才，即能够对数学、统计学、数据分析、机器学习和自然语言处理等多方面知识综合掌握的人才。

从技术变化的角度看，深度神经网络等新兴技术的发展，弥补了传统分析挖掘技术在大数据时代的短板，这就需要大数据技能人才掌握深度学习方面的相关知识，适应大数据的分析挖掘需要。

从运营方式的角度看，电子商务运营已经步入数据化运营的阶段，运营方式的变化使得数据分析相关能力越来越重要，数据分析贯穿运营前准备、运营中把握、运营后反馈修正等阶段。

拓展阅读

数字经济背景下的电商人才需求

商业查询平台天眼查、互联网人职业成长平台拉勾等发布的数据显示，2020年各行业新增企业数同比大幅下降，但电商行业逆势增长，新增企业数同比增长69%，56%以上的企业处于招聘常态化或人才需求强烈的状态。根据职友集统计，电子商务专业就业在所有受访专业(1 099个)中排名第57位；财经专业(45个)中，就业排名第11位；市场营销专业(6个)中，排名第4位。说明电子商务专业比较好就业。从电商行业人才需求的岗位分布来看，"运营"是电商行业人才需求的主力岗位。随着数据要素成为重要的生产资源，专业数据分析与应用人才的需求量及对人才培养层次的要求也快速提升。综合来看，电子商务相关的中、高端人才需求，特别是与新媒体、平台运营、内容营销、新技术、电商大数据分析、数据治理等相关联的高层次人才需求，在未来几年将持续大幅增加。

(来源：华迎、刘军.数字经济呼唤电商人才培养提档升级，2022年1月，有删减和增补)

参考文献

[1] 李琪.中国电子商务[M].成都:西南财经大学出版社,1997.

[2] 李琪.电子商务概论[M].北京:高等教育出版社,2017.

[3] 李琪.电子商务导论[M].2版.北京:中国铁道出版社有限公司,2020.

[4] 白东蕊,岳云康.电子商务概论[M].5版.北京:人民邮电出版社,2022.

[5] 邵兵家.电子商务概论[M].4版.北京:高等教育出版社,2019.

[6] 王汝霖,李军.跨境电子商务[M].北京:化学工业出版社,2020.

[7] 赵树梅,徐晓红."新零售"的含义、模式及发展路径[J].中国流通经济,2017,31(05):12-20.

[8] 赵树梅,李银清.5G时代"新零售"服务的创新发展[J].中国流通经济,2019,33(09):3-14.

[9] 兰虹,赵佳伟.新冠疫情背景下新零售行业发展面临的机遇、挑战与应对策略[J].产业经济,2020(7):3-16.

[10] 汪向东.农村经济社会转型的新模式——以沙集电子商务为例[J].工程研究:跨学科视野中的工程,2013,5(2):194-200.

[11] 洪勇.我国农村电商发展的制约因素与促进政策[J].商业经济研究,2016(4):169-171.

[12] 侯振兴,间燕.区域农产品电子商务政策文本计量研究——以甘肃省为例[J].中国流通经济,2017,31(11):45-53.

[13] 孙毅.互联网背景下吉林省农村电子商务发展策略研究[J].南方农机,2017,48(24):121-122.

[14] 顾静.促进农村电子商务产业集群发展的策略——以江苏省农村电子商务产业集群为例[J].经营与管理,2018,31(03):90-92.

[15] 钟芸.基于政策视角看农村电子商务发展[J].现代商贸工业,2018,39(06):88-89.

[16] 单文丽.乡村振兴视角下高校农村电商服务模式创新——以江西工程职业学院为例[J].江西广播电视大学学报,2019,21(01):75-78.

[17] 范继魏,郑媛媛.新时代下电子商务行业人才需求

及培养研究[J].现代商贸工业,2021,42(03):61-62.

[18] 龚文雅.电子商务人才满足社会需求的探究[J].大众投资指南,2020(12):55-56.

[19] 卓凤莉.跨境电商人才市场需求及其培养模式分析[J].财富时代,2021(11):196-197.

[20] 李军,李明晓等."一带一路"背景下跨境电商人才需求及培养体系[J].环渤海经济瞭望,2021(01):42-43.

[21] 靳娟利.大数据时代农村电商物流发展现状及人才需求调查分析[J].山西农经,2020(20):149-150.

[22] 曹梦笛,赵静.大数据背景下农村电商物流发展现状及人才需求调查[J].中国商论,2018(17):4-6.

[23] 董玉峰,孙倩,邹力平.乡村振兴战略下农村电商人才培养机制研究[J].北方经贸,2019(12):146-148.

[24] 王秋玲.跨境电商人才供给侧改革的路径研究[J].中国中小企业,2021(09):172-173.

[25] 任媛媛.供给侧结构性改革背景下中小企业跨境电商创新型人才的培养[J].企业科技与发展,2020(09):178-179.

[26] 祝新池.浅谈临沂市跨境电商人才供给问题[J].计算机与网络,2021,47(13):2.

[27] 郭汝惠.浅析电子商务专业学生的就业领域及发展前景[J].教育与职业,2008(36):171-172.

[28] 谢康,肖静华,赵刚.电子商务经济学[M].北京:电子工业出版社,2003.

[29] 王学东.电子商务管理[M].北京:电子工业出版社,2011.

[30] 李琪.电子商务概论[M].2版.北京:高等教育出版社,2017.

[31] 于巧娥,胡一波,文继权.移动电子商务教程[M].大连:大连理工出版社,2018.

[32] 余世英.电子商务经济学[M].武汉:武汉大学出版社,2011.

[33] 葛晓滨,秦绪杰.移动电子商务教程[M].合肥:中国科技大学出版社,2014.

[34] 汤兵勇.电子商务原理[M].北京:化学工业出版社,2012.

[35] 赵静,陈旭东.电子商务原理与应用[M].北京:北京大学出版社,2010.

[36] 苏海海.互联网产品设计[M].北京:中国铁道出版社有限公司,2018.

[37] 黑马程序员.互联网产品设计思维与实践[M].北京:清华大学出版社,2019.

[38] 刘四青.电子商务项目管理[M].重庆:重庆大学出版社,2010.

[39] 李琪.电子商务策划与管理[M].北京:电子工业出版社,2011.

[40] 李立威,王晓红,李丹丹.移动商务理论与实务[M].北京:机械工业出版社,2019.

[41] 王晓进.大学生创新理论与实践[M].北京:科学出版社,2014.

[42] 马宁.电子商务物流管理(微课版)[M].北京:人民邮电出版社,2020.

[43] 熊励,许肇然,李医群.跨境电子商务[M].北京:高等教育出版社,2020.

[44] 徐慧婷,陈志铁.跨境电子商务[M].厦门:厦门大学出版社,2020.

[45] 孙毅.数字经济学[M].北京:机械工业出版社,2021.

[46] 汤潇.数字经济——影响未来的新技术、新模式、新产业[M].北京:人民邮电出版社,2019.

[47] 陈彩霞.电子支付与网络金融[M].北京:清华大学出版社,2020.

[48] 李建军,罗明雄.互联网金融[M].北京:高等教育出版社,2018.

[49] 秦关召,伍均锋,石龙.农村电子商务[M].北京:中国农业科学技术出版社,2017.

[50] 陈俊杰,刘玉军,宋兆文.农村电子商务:互联网＋农业案例模式[M].北京:中国农业科学技术出

版社,2016.

[51] 吴子珺.电子商务系统分析与设计[M].2版.北京:机械工业出版社,2020.

[52] 杨竹青.新一代信息技术导论[M].北京:人民邮电出版社,2020.

[53] 李凤霞,陈宇峰,史树敏.大学计算机[M].北京:高等教育出版社,2014.

[54] 教育部高等教学指导委员会.普通高等学校本科专业类教学质量国家标准[M].北京:高等教育出版社,2018.

[55] 严依涵.浅析电子商务发展与电子商务法的互动关系[J].法制博览,2017(12):1.

[56] 杜涓.《电子商务法》为网络购物保驾护航[J].法制博览,2019(13):2.

[57] 吴志刚.数据驱动是数字经济发展的本质[J].网络安全和信息化,2020(06):36-39.

[58] 魏延安.农村电商:互联网+三农案例与模式[M].北京:电子工业出版社,2016.

[59] 杨兴凯.跨境电子商务[M].大连:东北财经大学出版社,2018.

[60] 姜红波,戴晓敏.跨境电子商务操作实务[M].北京:清华大学出版社,2019.

[61] 伍蓓.跨境电商理论与实务[M].北京:人民邮电出版社.2021.

[62] 段敏,李立威. 基于电子商务职业岗位分析的电子商务专业课程体系设计研究[J]. 电子商务,2019,(230):77-78.

[63] 詹川. 基于文本挖掘的专业人才技能需求分析——以电子商务专业为例[J]. 图书馆论坛,2017,37(5):116-123.

[64] 张仙锋,宋蒙蒙,刘晓文. 电子商务类人才就业岗位及要求研究[J]. 西部素质教育,2017,3(4):5-6.

[65] 张震新. 电子商务类人才就业岗位及其要求分析[J]. 中国高新科技,2020,83(23):157-158.

[66] 王建太. 新视角下的电子商务专业就业与前景展望[J]. 就业与保障,2021,274(8):19-20.

"走进大学"丛书书目

什么是地质？	殷长春	吉林大学地球探测科学与技术学院教授（作序）
	曾　勇	中国矿业大学资源与地球科学学院教授
		首届国家级普通高校教学名师
	刘志新	中国矿业大学资源与地球科学学院副院长、教授
什么是物理学？	孙　平	山东师范大学物理与电子科学学院教授
	李　健	山东师范大学物理与电子科学学院教授
什么是化学？	陶胜洋	大连理工大学化工学院副院长、教授
	王玉超	大连理工大学化工学院副教授
	张利静	大连理工大学化工学院副教授
什么是数学？	梁　进	同济大学数学科学学院教授
什么是大气科学？	黄建平	中国科学院院士
		国家杰出青年基金获得者
	刘玉芝	兰州大学大气科学学院教授
	张国龙	兰州大学西部生态安全协同创新中心工程师
什么是生物科学？	赵　帅	广西大学亚热带农业生物资源保护与利用国家重点实验室副研究员
	赵心清	上海交通大学微生物代谢国家重点实验室教授
	冯家勋	广西大学亚热带农业生物资源保护与利用国家重点实验室二级教授
什么是地理学？	段玉山	华东师范大学地理科学学院教授
	张佳琦	华东师范大学地理科学学院讲师
什么是机械？	邓宗全	中国工程院院士
		哈尔滨工业大学机电工程学院教授（作序）
	王德伦	大连理工大学机械工程学院教授
		全国机械原理教学研究会理事长
什么是材料？	赵　杰	大连理工大学材料科学与工程学院教授

什么是自动化?	王 伟	大连理工大学控制科学与工程学院教授
		国家杰出青年科学基金获得者(主审)
	王宏伟	大连理工大学控制科学与工程学院教授
	王 东	大连理工大学控制科学与工程学院教授
	夏 浩	大连理工大学控制科学与工程学院院长、教授
什么是计算机?	嵩 天	北京理工大学网络空间安全学院副院长、教授
什么是土木工程?		
	李宏男	大连理工大学土木工程学院教授
		国家杰出青年科学基金获得者
什么是水利?	张 弛	大连理工大学建设工程学部部长、教授
		国家杰出青年科学基金获得者
什么是化学工程?		
	贺高红	大连理工大学化工学院教授
		国家杰出青年科学基金获得者
	李祥村	大连理工大学化工学院副教授
什么是矿业?	万志军	中国矿业大学矿业工程学院副院长、教授
		入选教育部"新世纪优秀人才支持计划"
什么是纺织?	伏广伟	中国纺织工程学会理事长(作序)
	郑来久	大连工业大学纺织与材料工程学院二级教授
什么是轻工?	石 碧	中国工程院院士
		四川大学轻纺与食品学院教授(作序)
	平清伟	大连工业大学轻工与化学工程学院教授
什么是海洋工程?		
	柳淑学	大连理工大学水利工程学院研究员
		入选教育部"新世纪优秀人才支持计划"
	李金宣	大连理工大学水利工程学院副教授
什么是航空航天?		
	万志强	北京航空航天大学航空科学与工程学院副院长、教授
	杨 超	北京航空航天大学航空科学与工程学院教授
		入选教育部"新世纪优秀人才支持计划"
什么是生物医学工程?		
	万遂人	东南大学生物科学与医学工程学院教授
		中国生物医学工程学会副理事长(作序)
	邱天爽	大连理工大学生物医学工程学院教授
	刘 蓉	大连理工大学生物医学工程学院副教授
	齐莉萍	大连理工大学生物医学工程学院副教授

什么是食品科学与工程？		
	朱蓓薇	中国工程院院士
		大连工业大学食品学院教授
什么是建筑？	齐　康	中国科学院院士
		东南大学建筑研究所所长、教授（作序）
	唐　建	大连理工大学建筑与艺术学院院长、教授
什么是生物工程？	贾凌云	大连理工大学生物工程学院院长、教授
		入选教育部"新世纪优秀人才支持计划"
	袁文杰	大连理工大学生物工程学院副院长、副教授
什么是哲学？	林德宏	南京大学哲学系教授
		南京大学人文社会科学荣誉资深教授
	刘　鹏	南京大学哲学系副主任、副教授
什么是经济学？	原毅军	大连理工大学经济管理学院教授
什么是社会学？	张建明	中国人民大学党委原常务副书记、教授（作序）
	陈劲松	中国人民大学社会与人口学院教授
	仲婧然	中国人民大学社会与人口学院博士研究生
	陈含章	中国人民大学社会与人口学院硕士研究生
什么是民族学？	南文渊	大连民族大学东北少数民族研究院教授
什么是公安学？	靳高风	中国人民公安大学犯罪学学院院长、教授
	李姝音	中国人民公安大学犯罪学学院副教授
什么是法学？	陈柏峰	中南财经政法大学法学院院长、教授
		第九届"全国杰出青年法学家"
什么是教育学？	孙阳春	大连理工大学高等教育研究院教授
	林　杰	大连理工大学高等教育研究院副教授
什么是体育学？	于素梅	中国教育科学研究院体卫艺教育研究所副所长、研究员
	王昌友	怀化学院体育与健康学院副教授
什么是心理学？	李　焰	清华大学学生心理发展指导中心主任、教授（主审）
	于　晶	曾任辽宁师范大学教育学院教授
什么是中国语言文学？		
	赵小琪	广东培正学院人文学院特聘教授
		武汉大学文学院教授
	谭元亨	华南理工大学新闻与传播学院二级教授
什么是历史学？	张耕华	华东师范大学历史学系教授
什么是林学？	张凌云	北京林业大学林学院教授
	张新娜	北京林业大学林学院副教授

什么是动物医学?	陈启军	沈阳农业大学校长、教授
		国家杰出青年科学基金获得者
		"新世纪百千万人才工程"国家级人选
	高维凡	曾任沈阳农业大学动物科学与医学学院副教授
	吴长德	沈阳农业大学动物科学与医学学院教授
	姜 宁	沈阳农业大学动物科学与医学学院教授
什么是农学?	陈温福	中国工程院院士
		沈阳农业大学农学院教授(主审)
	于海秋	沈阳农业大学农学院院长、教授
	周宇飞	沈阳农业大学农学院副教授
	徐正进	沈阳农业大学农学院教授
什么是医学?	任守双	哈尔滨医科大学马克思主义学院教授
什么是中医学?	贾春华	北京中医药大学中医学院教授
	李 湛	北京中医药大学岐黄国医班(九年制)博士研究生
什么是公共卫生与预防医学?		
	刘剑君	中国疾病预防控制中心副主任、研究生院执行院长
	刘 珏	北京大学公共卫生学院研究员
	么鸿雁	中国疾病预防控制中心研究员
	张 晖	全国科学技术名词审定委员会事务中心副主任
什么是药学?	尤启冬	中国药科大学药学院教授
	郭小可	中国药科大学药学院副教授
什么是护理学?	姜安丽	海军军医大学护理学院教授
	周兰姝	海军军医大学护理学院教授
	刘 霖	海军军医大学护理学院副教授
什么是管理学?	齐丽云	大连理工大学经济管理学院副教授
	汪克夷	大连理工大学经济管理学院教授
什么是图书情报与档案管理?		
	李 刚	南京大学信息管理学院教授
什么是电子商务?	李 琪	西安交通大学经济与金融学院二级教授
	彭丽芳	厦门大学管理学院教授
什么是工业工程?	郑 力	清华大学副校长、教授(作序)
	周德群	南京航空航天大学经济与管理学院院长、二级教授
	欧阳林寒	南京航空航天大学经济与管理学院研究员
什么是艺术学?	梁 玖	北京师范大学艺术与传媒学院教授
什么是戏剧与影视学?		
	梁振华	北京师范大学文学院教授、影视编剧、制片人
什么是设计学?	李砚祖	清华大学美术学院教授
	朱怡芳	中国艺术研究院副研究员